Testemunhos de Amor

Amaral Ornellas
espírito

Testemunhos de Amor

Psicografado por
Maria Salvador

Lachâtre

Instituto Lachâtre
Caixa Postal 164 – CEP 12914-970
Bragança Paulista – SP
Telefone: 11 4063-5354
Site: www.lachatre.org.br
E-mail: editora@lachatre.org.br

3ª edição – Março de 2015
Do 19.001º ao 30.000º exemplar

Programação visual da capa:
César França de Oliveira

Impresso na
Assahi Gráfica e Editora Ltda.

Revisão textual:
Luciano dos Anjos

Impresso no Brasil
Presita en Brazilo

CIP-Brasil. Catalogação na fonte

Salvador, Maria

Testemunhos de Amor / Maria Salvador – 3ª ed. – Bragança Paulista, SP : Instituto Lachâtre, 2015.

224 p.

1.Espiritismo 2.Romance espírita. I. Título.

CDD 133.9 CDU 133.7

Homenagem especial a Wálter Costa,
in memoriam

Homenagem

Quem Mais Ama

O Amor, que na pujança integral de beleza
Faz sentir-se real numa irmã de grandeza,
Dá testemunho em dor e na renunciação...
Quando humilhado então e sempre repelido,
Segue perseverante em seu bem revestido,
Vitorioso na fé, no altar do coração!

O Amor, quando sincero, em prece permanece,
Na palavra que exorta e no afago que aquece,
Mesmo que a ingratidão o fira e mais lhe doa...
Se em si o Amor requer sacrifício e doação,
Sendo de Deus a Sua elevada expressão,
Quem ama de verdade é aquele que perdoa!...

O Amor, quando imortal, não fere nem magoa,
É sublime na dor que cala e que abençoa,
Se preterido, sofre em silêncio e não clama.
Se por amares bem, colheres só traição,
Farás do esquecimento a mais divina ação.
Aquele que perdoa é quem sempre mais ama!...

Singela homenagem aos queridos irmãos que, durante minha doença, fraternalmente me ajudaram, pelo carinho com que me receberam. E ao médico, amigo e irmão Newton de Souza Barros, a sincera gratidão de

Maria Salvador

Esclarecimento

Ao receber da espiritualidade instruções para dar início a este despretensioso trabalho, relutei bastante pela consciência que tenho de minha precariedade sob todos os pontos de vista.

Todavia, não só estaria fugindo às responsabilidades por mim assumidas ao reencarnar, como também faltando com a fé em Nosso Senhor Jesus-Cristo e confiança em seus abnegados servidores. Assim, submeto à apreciação dos amados irmãos um dos mais belos e comoventes romances de amor.

Ao escrevê-lo, através da mediunidade intuitiva, passei pelas diversas fases de emoção; sofri, chorei e amei intensamente, tal a força de sentimento atuante em seus personagens e, nunca, jamais, em toda a minha provada vida, vi-me envolvida por tão ardorosas vibrações de amor.

Outrossim, os baluartes com que contei na parte material, nos momentos de vacilações e desânimos, me foram de grande valia.

No entanto, se alguma criatura faminta de afeto, sedenta de carinho, caminhando só e descrente do verdadeiro amor, vier a encontrar nestas singelas páginas ânimo para continuar sua jornada, conforto para seu combalido coração, refrigério para seu conturbado espírito; se uma só das almas que sofrem na solidão do abandono secar o dorido pranto que a amargura fez jorrar; se apenas um leitor compreender, enfim, que o amor, quando sincero e puro, é sempre o amor a prosseguir por toda a eternidade: graças Te dou, meu

Pai, por eu ter conseguido realizar ao que este trabalho se propõe, provando que o amor é imortal.

Paz com Jesus.

Maria Salvador

Sumário

Homenagem – "Quem Mais Ama" 7
Esclarecimento 9
À guisa de prefácio 13

Primeira Parte – O Arauto

1. Na realidade de um sonho 17
2. Emoções sobre emoções 23
3. As primícias do amor 33
4. Amor para sempre amor 41
5. Diversidades de sentimentos 49
6. Limiar de um testemunho 59
7. As primeiras lágrimas 69
8. Respingos de saudade 77
9. Ao avizinhar-se a borrasca 91
10. O batismo pela dor 101
11. Labirintos amargos 119
12. Esperanças fugidias 129
13. Acerbos sofrimentos 143
14. Renúncia suprema 155
15. Redenção de uma alma 173

Segunda Parte – Na Espiritualidade Maior

16. Reminiscências de um espírito 185

Terceira Parte – De Volta à Carne

17. Em busca da redenção 201

Quarta Parte – Retorno ao Mundo Espiritual

18. Na realidade de um sonho 211
Posfácio – Literatura e vida 221

À Guisa de Prefácio

Poetas por Poetas sejam também lidos,
E tanto mais possível compreendidos,
No seu mais nobre afã de poetizar.
Nestas simples poesias prefacio
Este livro que o Ornellas produziu
E a médium procurou interpretar.

Nosso estimado poeta do Evangelho,
Nosso Adolfo Oscar do Amaral Ornellas,
Em páginas reais quanto singelas
Envia o seu romance lá do Além.
Reconta a sua vida noutras eras,
Em que penou a prova mais cruel,
Obrigado a beber veneno e fel
De um grande amor, crucial, por outro alguém...

Maria Salvador o recebeu
E dele traduziu o seu estilo,
Com o seu pensamento assaz tranqüilo,
Ao registar-lhe uma vida anterior...
Que o prezado leitor receba bem
Este livro tão bem psicografado
Do evangélico poeta, consagrado
A Jesus, nosso Mestre e Redentor!...

Ramiro Gama
Fevereiro de 1975

Primeira Parte

O Arauto

1. Na Realidade de um Sonho

Estamos na França. País de clima variado, preponderando mais para o frio, no entanto, quando surge a cálida primavera, em que as tardes ficam amenas, permite-nos passear pelas ruas arborizadas, das quais se desprendem os suaves aromas das flores, antecedendo o verão. Embora não sendo tão quente como outros países, dá para nos lembrar dos passeios a dois em seus parques e recantos pitorescos e, sem nos apercebermos, guardamos essas lembranças impressas em nossa alma para todo o sempre.

Como em todo país que tem por forma de governo a monarquia, em se tratando de despesas não se poupa nem se economiza, pois cada monarca deseja antes de mais nada que, ao deixar o trono, sua passagem fique marcada na história, senão com algo diferente que possa chamar atenção, pelo menos que o fausto, o luxo e a riqueza não tenham sido menores do que os do seu antecessor. E, como sempre, quando um rei sobe ao trono, remodelações são feitas em palácio, além de novas atribuições e reformulações de cargos. Enfim, uma seqüência de gastos e despesas com um único fim: satisfazer a vaidade humana, mesmo que reconhecido seja que será a plebe a única seriamente atingida com esses desvarios.

Enquanto o mundo tenta desvendar horizontes, conhecer o futuro, seria preferível não alcançá-lo se não sabemos o quanto temos ainda de desvendar em nós mesmos, se não conhecemos o conteúdo que temos, a amplidão de que dispomos, se não procuramos conquistar o Reino de Deus através do sublime Evangelho do Senhor Jesus. É preferível não alcançá-lo, enquanto não estiver totalmente integrada, em todos nós, a necessidade contínua de renovar-nos a cada momento e partirmos para amar mais o nosso próximo, procurando conhecer a vida terrena e a de além-túmulo, integrando-nos nas duas como ajuda e complementação uma da outra. Não sendo assim, nunca passaremos de simples materialistas que só vêem a vida como meio de gozos banais, orgulho ferido, luxúria feérica, vaidade fementida, enclausurados em vícios múltiplos, em erros que praticamos julgando-os ocultos de nossos semelhantes e também do Supremo Poder que rege todo o universo.

Reina nessa época Luís XV, rei folgazão que, por fatores diversos e que não cabe aqui analisar, é um dos mais fracos em autoridade, permitindo assim, mais do que nunca, o gasto e o esbanjamento, uma constante do seu reinado.

Mesmo não havendo motivos especiais, realizam-se lautos banquetes, promovem-se faustosos bailes, passeios diversos, festins prolongados, caçadas sem conta e toda espécie de divertimentos inimagináveis, para alegria e gáudio do monarca. E ele, atordoado cada vez mais pela vida opulenta e ociosa da corte, a tudo se curva sem pulso para frear os vultosos gastos e os descontroles festivos.

Como em toda corte, sempre houve – e até hoje há, nos poucos reinados ainda existentes – a Guarda Real, que nunca deixou de merecer atenção especial da parte do reino, dado que sua corporação é constituída de rapazes das mais seletas e conceituadas famílias, sendo necessária, entre outras exigências, uma recomendação da corte, além de esmerada educação, altura adequada, porte elegante, enfim, qualidades pertinentes ao alto cargo que irão ocupar, havendo ainda diversos exames a prestar na Academia Militar. É bem verdade que, apesar de todas as exigências e precauções, ainda assim, às vezes, deparava-se com algum estróina para quem não era difícil conseguir uma recomendação.

Encontramos o jovem Carlos Giraud dando expansão à sua imensa alegria ao se ver aprovado nos exames, com distinção, para oficial da Guarda Real. Não cabendo em si de contente, apressa-se em voltar para casa a fim de comunicar o fato a seus pais. Família de origem modesta, era porém bem relacionada, tendo inclusive como padrinho do jovem um nobre, o marquês João Dubois, de quem partira a recomendação, indispensável à admissão no corpo da Guarda. O pai, doutor Gilbert Giraud, eminente médico de que lhe vem o vasto relacionamento em todas as camadas sociais. A mãe, Sara, é senhora de inúmeros predicados, benquista e muito estimada, principalmente entre os clientes menos favorecidos do marido, aos quais não mede sacrifícios para ajudá-los. O jovem Carlos tem vinte e três anos, e a irmã Cíntia, dezessete. Ela cursou um bom colégio, mas, não desejando seguir nenhuma carreira, ficou somente com os cursos de primeira e segunda classe, além do de prendas domésticas. O rapaz, de aparência e altura exigidas, possui cabelos pretos, olhos castanhos escuros expressivos, é de compleição acentuada e porte atlético. Não obstante ser de índole pouco expansiva, goza de amplo círculo de amizades, não só facultado pelos esportes que pratica de esgrima e equitação, como por sua facilidade de relacionamento. De sua têmpera romântica destaca-se a verve poética de que é dotado, sem todavia explorá-la como pode.

Assim, encontramos o grupo que, na sala da casa, arrumada com muito apuro e discreto requinte, comemora o ingresso de Carlos na Guarda Real, dando evasivas às suas alegrias, em abraços cordiais, brindando com vinho que o serviçal apressa-se a servir.

Nos planos do jovem Carlos consta de tudo, em se tratando de desfrutar de todas as regalias e acessos aos mais altos postos que a carreira escolhida lhe permita. Deseja e tem esperança de um dia, com o correr do tempo, viver de seu trabalho, dando-lhe um devotamento primordial e se vendo em postos mais elevados. Não tem intenção de casar-se tão cedo e também não está em seus planos qualquer namoro ou compromisso que o faça desistir de sua meta.

A família, depois das naturais expansões, tece conversa em torno do baile que haverá nos majestosos e amplos salões do palácio, onde toda a corte se faz presente, sendo iniciado pelo rei e seguido dos novos oficiais com suas madrinhas. A cada ano renova-se o sucesso, sendo por isso o baile preferido de todas as moças e aguardado com muita ansiedade. Da parte de várias delas surgiram oferecimentos para apadrinhar Carlos, porém ele, educadamente, declinou de todos, alegando ser o primeiro baile da irmã, sendo-lhe reservada a preferência.

Planos são feitos na aquisição de trajes para tão importante evento, e o primogênito dos Girauds, só em pensar no belo uniforme branco que envergará, com botões dourados e galões azuis bordados a ouro, sente-se tomado de intensa emoção.

Não fugindo à regra geral, a família Giraud não se continha em impaciência no afã de ver concretizado o que de há muito sonhara: a graduação do único filho varão como oficial da Guarda Real. As poucas semanas que antecedem o suntuoso baile são passadas sob grande tensão nervosa, não só ocupadas nas compras de vestuários, mas também dominadas de febril expectativa.

Eis que chega, finalmente, a noite ansiosamente esperada. A senhora Sara não cabe em si de contente ao ver o filho envergando a bela farda. As carruagens são revestidas de toda a pompa e, ao dobrarem a última rua que dá acesso ao esplendoroso palácio, já se pode ver todo o perímetro por ele ocupado e as adjacências feericamente iluminadas. O povo comprime-se ao redor e desde cedo muitas pessoas acorreram, disputando os melhores lugares de onde possam avistar a entrada dos convidados que, envergando ricos trajes, profusão de jóias faiscantes, fazem de uma noite, onde toda a vaidade humana predomina, uma noite de sonho em que os considerados pobres e plebeus, que os admiram, esqueçam por momentos suas dificuldades.

Vemos os jardins que circundam o palácio, com lagos e repuxos, onde brancos cisnes deslizam com a serenidade de sua graça. Canteiros gramados com os mais variados tipos de flores, na maioria as mais belas rosas, inebriam o ar e, mesmo, a certa distância, sente-se o odor vindo dos muitos caramanchões, ressaltando as trepadeiras de jasmins. Aléias de árvores frondosas, com bancos de mármore, estátuas dispersas, servem de adornos.

Percorrer um desses jardins tendo ao lado a criatura amada deixa em nós recordações inesquecíveis. Ao vermo-nos separado dela, voltar a eles torna-se por demais penoso. Então, tudo permanece como dantes, mas o encanto outrora sentido se desvanece para dar lugar a saudosas reminiscências. Somente após nos despojarmos do invólucro carnal, quando investidos de nossos direitos adquiridos pela elevação espiritual, ao depararmos com os édens primorosos na pátria verdadeira, aí então relegamos ao esquecimento essas lembranças materiais, que muito serviram ao nosso aperfeiçoamento espiritual.

O palácio já regurgita de gente nos seus diversos salões, compreendendo desde o mais nobre ao menos graduado. Desnecessário é falar do requintado luxo ali reinante, como dos saborosos petiscos servidos e dos vinhos e licores finos.

O baile tem início com a presença do rei e de toda a sua comitiva. Abrindo-o, ele deixa que os pares sigam ao som das mais belas músicas da época.

E nesses movimentos de graça e suavidade, do tinir das taças, nessas profusões de jóias e de caros adornos a enfeitar risos falsos, a alimentar rancores e vinditas, no tripudiar da justiça e da verdade, consciências vaguearam nas sombras por séculos e séculos...

2. Emoções Sobre Emoções

Para o jovem Carlos Giraud, que conseguira ver concretizado um anelado sonho, essa noite festiva em sua vida enseja-lhe a oportunidade por que há muito ansiara de se ver realizado, no tocante à carreira que escolhera. Eis por que se sentia alegre, plenamente feliz.

A disputa para as danças por parte das moças, algumas suas conhecidas, não o envaidecia; ao contrário, não se comprometera com nenhuma em especial para evitar mal-entendidos ou ressentimentos em alguma que não lhe compreendesse a intenção de distingui-las tão-somente com a cortesia própria de sua educação e seu cavalheirismo.

Na verdade não se apercebe de que, apesar de toda a sua precaução, uma moça com quem cruzara o caminho algumas vezes, irmã que é de um colega seu da Academia Militar e que em outra ocasião lhe fora apresentada, o mantém sob mira. É a jovem viscondessa Madalena de Saint Moritz, de vinte e dois anos, que de há muito desfruta da corte dos rapazes, sendo assídua freqüentadora das festas, passeios e toda espécie de divertimentos em que a sociedade toma parte. Aquele baile bem pouco lhe oferece em novidade.

De altura mediana, cabelos castanhos escuros, a cútis áspera exibindo irregularidade, manchas diversas e onde, apesar de todos os cuidados, as permanentes acnes teimam em aparecer com freqüência, sem que os cosméticos da época consigam encobrir. É pouco atraente, embora se traje com refinado apuro, além de possuir vasta cultura. Os olhos sagazes pretos, através dos quais, por serem os espelhos da alma, é possível ver o íntimo da moça, refletem e transmitem todo o seu gênio agressivo e dominador. Não fora a alta categoria social a que pertence, sendo seu pai um alto nobre e a mãe íntima da corte, e não seria salva das situações embaraçosas criadas às vezes por ela...

É como a maioria das criaturas, que quase sempre se desesperam, ameaçam e tudo fazem, não medindo meios nem recursos para conseguir o que desejam e, quando o conseguem, não lhes desperta o mesmo interesse de antes.

Assim, quando a jovem viscondessa pôs os olhos em Carlos, jura para si que ele seria dela ou de mais ninguém. Só que ele não sabe e nem prevê o quanto lhe custará esse juramento...

O jovem oficial Giraud de há muito dançava, inclusive com Madalena. No momento, escusa-se delicadamente de algumas jovens, desejoso de ir ao jardim apanhar ar. Dirige-se para a saída quando, de repente, pois só agora a percebera, vislumbra em um dos recantos do salão, próxima a uma janela, semi-escondida, uma jovem de singular beleza. Ao se cruzarem os olhares, sentem-se ambos tocados por um estremecimento íntimo e simultâneo. E profunda emoção os domina sem encontrarem de imediato explicação para tal...

Hesitante, o novo oficial acerca-se dela para convidá-la a dançar, e se pergunta por que uma moça tão bela encontra-se isolada, enquanto as demais riem, aproveitando a noite que em breve passará e só deixará recordações. É que, não a conhecendo, ele não sabe que a jovem Helena de Valois, herdeira de inúmeros títulos de nobreza e brasões, está estreando seu primeiro baile. Filha única, de vinte anos, educação rígida, esteve até bem pouco tempo internada em colégio de freiras, tendo recebido a mais fina educação moral e intelectual.

Seu pai, o orgulhoso barão Henrique de Valois, exerce alto cargo na corte, permitindo-se viver com a família em um luxuoso palácio na capital, além de possuir outras inúmeras quintas nos arredores, preferindo passar nelas a maior parte dos seus dias livres. Quando de férias, ali se refugia, resguardando a filha, que julga ainda inexperiente, não só do rebuliço da grande cidade, como também do burburinho da corte, com suas espetaculares festas.

Todavia, faz-se mister que a jovem baronesinha comece a travar conhecimento com a fina nobreza e a requintada sociedade que se movimenta em torno do cetro real. Assim, não obstante seus pais saberem que aquele ambiente é bem diverso do freqüentado até então pela filha, desejam para a única herdeira um casamento à altura de seus dotes físicos e culturais, e que o escolhido tenha posição compatível com a sua.

A princípio, a jovem reluta em ir. Além de ser de índole calma e retraída, a educação monástica tivera influência em seu temperamento caseiro. Prefere ler no conforto do seu quarto ou em um dos quiosques existentes no amplo jardim que rodeia a imponente residência. Para ela, os melhores momentos são passados na fazenda, dando longos passeios nas cercanias, a cavalo ou mesmo a pé, colhendo flores campestres ou frutas silvestres pelos prados e bosques, sempre acompanhada de sua dama de companhia; ou, ainda, tocando piano, o que faz com perfeição.

De cútis alva, olhos de um azul profundo, que às vezes parecem pretos, notam-se na face as cores carmesins, em contraste com a pele alabastrina. Cabelos negros encaracolados caem sobre os ombros, apesar de bem penteados em cachos, como o uso da época. De altura um pouco acima da média, não se pode considerá-la alta, mas de inigualável elegância e finura no porte. Sobretudo através dos olhos denota ser dona de grande firmeza de caráter.

Concordara em ir, vencida finalmente pela insistência dos pais que, aproveitando-se da ocasião propícia, querem-na fazendo bela figura em um baile de tão nobre extirpe. Ali estava, pois, num vestido branco rodado de fina fazenda, o colo ornado com vistoso camafeu, muito em moda.

Os pais, feitas as apresentações iniciais, deixam-na com algumas amigas, indo por sua vez acomodarem-se em outro salão, enquanto ela, após desincumbir-se de algumas danças prometidas, esgueira-se para junto de uma das janelas, onde o novo oficial a avista. Foi assim que ao trocarem o primeiro olhar sentiram-se tomados de atração recíproca. O jovem Carlos Giraud, resoluto, dirige-se à moça. Cumprimentando-a, fala-lhe cortês:

– Senhorita, minhas escusas por não esperar quem nos apresente. Carlos Giraud, oficial de S.M. para servi-la. Permita-me a honra desta dança.

Séria, a jovem analisa de relance o aspecto do oficial sem que lhe ocorra de imediato o que responder, mas, diante da grande impressão que lhe causa, deixa-se levar pelos movimentos sinuosos que a dança lhes proporciona. Não sabem como explicar a súbita e irresistível atração de um pelo outro, no entanto, sentem-se como que se esperassem mutuamente. Assim, pelo bem-estar em que se vêem envolvidos, dançam um número após outro... De permeio, o oficial aproveita para entabular conversa:

– Senhorita, a quem devo agradecer os momentos de sublime enlevo ao tê-la como par nesta dança, que veio completar minha felicidade?

Servindo-se de seu gracioso sorriso, a fidalga polidamente responde-lhe, sem contudo mencionar seu título de nobreza:

– Senhor oficial, a sua cortesia obriga-me a retribuir-lhe, apresentando-me, em bom tempo, como Helena de Valois.

– Permita-me, quando terminar esta dança, oferecer-lhe um refresco e acompanhá-la até o jardim, onde poderá descansar.

– De bom grado aceito, sinto-me em verdade sedenta. Para a primeira vez, estou além do que imaginava.

Uns olhos perspicazes, todavia, a tudo observavam. Há tempos Madalena de Saint Moritz acompanha toda a cena, não perdendo de vista o novo oficial, e se prepara para intervir, imaginando um meio de separá-los ou provocar uma intromissão momentânea. Sua intuição feminina e experiência adquirida advertem-na de que algum sério perigo se avizinha na pessoa daquela moça, dificultando-lhe os planos. Importa agora não perder tempo e, se assim pensa, depressa trata de agir. Vale-se para isso da sua posição social. Chama um dos serviçais, indica-lhe o oficial e pede que o faça vir à sua presença em uma das saletas circunvizinhas, alegando assunto de máximo interesse e urgência para ele. No exato momento do intervalo musical, quando o par propunha-se a ir ao *buffet*, o servidor, que estivera aguardando a oportunidade, aproveita e desincumbe-se de sua missão. A contragosto o rapaz pede licença à sua acompanhante, tentando justificar-se:

– Senhorita Helena, um chamado imprevisto obriga-me a ausentar-me por instantes. Prometo ser breve e agradeço-lhe se merecer de si a gentileza de esperar-me.

Julgando tratar-se de assunto ligado à carreira dele, ela anui e acrescenta:

– Senhor oficial, por acreditar tratar-se de um imprevisto, aguardarei seu regresso, desde que seja breve.

Acompanhando-a até a mais próxima janela, incontinenti se dirige ao local indicado pelo serviçal, onde a astuciosa viscondessa o aguarda. Ao avistá-la, não consegue ocultar a decepção e a interpela:

– Fui informado de que a senhorita deseja falar-me, assunto de máxima urgência.

À arguta jovem não passa despercebida a irritação do militar, e sabe que para o bom êxito de suas manobras terá que empregar toda a sua astúcia:

– Senhor oficial, quero lembra-lhe de que me deve uma dança.

Ele se surpreende e, deixando transparecer seu aborrecimento, retruca:

– Peço-lhe mil perdões, senhorita, pelo lapso de minha memória, porém, sou forçado a dizer-lhe não lembrar-me de tal promessa.

– Mas isso em nada o impede que o faça agora. Um perfeito cavalheiro, ademais oficial de S.M., não recusa uma simples dança a uma senhorita. Ainda mais quando ela procura avivar-lhe a memória.

Por momentos o militar percebe a situação desagradável. Para recusar o pedido da jovem viscondessa, poderá ocorrer um aborrecimento que não será bom começo para sua carreira. Por sua vez, deixar a recém-conhecida à espera enquanto dança com outra é uma afronta, além de expô-la a uma situação vexatória, não sendo essa sua intenção. Não há tempo a perder. Precisa resolver o quanto antes e da melhor maneira a situação embaraçosa em que está. E, sem mais pensar, pede à viscondessa que o acompanhe ao salão, faz as apresentações de praxe entre as duas moças e, justificando-se, dirige-se à jovem baronesa:

– Senhorita de Valois, peço-lhe desculpas por tê-la feito esperar. Um grave esquecimento de minha parte obriga-me a corrigi-lo, dançando com a senhorita de Saint Moritz; porém, suplico a sua compreensão para que possamos continuar depois a nossa conversa há pouco interrompida.

A jovem de Valois surpreende-se e titubeia com a intenção de discordar da sugestão do oficial, mas, por menos experiência que a mulher tenha, fala-lhe mais alto a sua intuição feminina e o seu amor-próprio. De relance, como que percebendo nas palavras do rapaz a insinuação velada de que fora vítima de um ardil, anuindo com a cabeça, responde-lhe:

– Oficial Giraud, para que sua palavra não fique em descrédito para nós ambas, aguardarei a sua volta de maneira que cumpra a sua parte no que me diz respeito.

A ardilosa viscondessa deveras não esperava esse desfecho, pois para uma senhorita como Helena de Valois concordar em esperar um cavalheiro, enquanto ele dança com outra, foi uma surpresa que se interpôs em seus propósitos. De momento conforma-se, mas não se dá por vencida. Durante a dança procura por todos os meios conversar, chamar a atenção sobre si, no entanto, seu parceiro não vê a hora de terminar com aquele suplício...

Terminada a dança, Carlos apressa-se em conduzir Madalena a seu lugar, voltando em seguida ao local em que Helena o aguarda. Durante o tempo em que ficara esperando-o, vira-se de costas para o salão, olhando o grandioso jardim através da janela. Inúmeras idéias acodem-lhe à mente em relação ao novo oficial que acaba de conhecer. Com a aproximação dele, corta-se o fio do pensamento e Carlos a convida a irem ao *buffet*. Em seguida, encaminham-se para o jardim.

Poucos degraus de mármore separam o salão do rés de chão do magnífico jardim. Assim, o oficial ajuda sua dama a descê-los, segurando-lhe o braço e, logo após, a sua mão. Ao contato das mãos, reaviva-se a emoção de há pouco sentida ao se conhecerem. Lado a lado, discorrendo sobre diversos assuntos, passeiam e, por fim, sentam-se em um dos bancos ali expostos.

Quem sabe com precisão quando, onde e como encontrar o amor? O amor que preenche todo o vazio da nossa vida é a complementação de nossa alma. Princípio de nossos anseios, fim de nossa paz, começo e término de nossa ventura, início de sofrimento se não correspondido, momento de sublime felicidade quando identificado com a criatura amada, é doado em toda a sua plenitude e beleza.

Ali sentados, Carlos e Helena esquecem-se por instante de que são simples criaturas humanas em um planeta em busca de redenção e elevação espiritual através do amor sublimado, mas sendo imprescindível o sofrimento que, burilando o espírito, torna-o imaculado e de incompatível beleza. Assim, pensam que se encontraram para não mais se separarem e aquele jardim lhes parece um pequeno oásis onde tem início seu romance, de onde guardarão a mais terna recordação. Para Helena, baronesa de Valois, filha única e herdeira de imenso cabedal, não lhe passa pela mente perguntar a ascendência do oficial nem se sua posição iguala-se à dela; quer, sim, estar bem certa de que será ele o príncipe encantado de seus sonhos e se é o amor que lhe chega para todo o sempre... Por sua vez, o oficial já não se lembra de seus sonhos nos quais não deveria jamais entrar o namoro e, conseqüentemente, o amor. E, se lhe perguntassem naquela ocasião sobre casamento, não demonstraria a mesma convicção de antes, pois, como a maioria dos enamorados, quando percebem que são retribuídos em sua afeição sentem-se imensamente felizes procurando prolongar ao máximo aqueles primeiros instantes de doce magia...

Em dado momento, notam que é hora de a moça procurar seus pais. Com a promessa de se reencontrarem futuramente, ela volta ao salão, onde seus genitores a procuram.

Durante o trajeto de volta ao lar, Helena é observada seguidamente pelos pais, sendo interpelada pela mãe:

– Se não nos enganamos, filha, apreciaste um pouco o baile...

– Sim, mamãe, gostei muito, mas me sinto tão cansada que prefiro deixar para conversarmos amanhã – responde a jovem que, em verdade, encontra-se sonolenta.

Ela prefere abordar o assunto sem a presença do pai, de quem sempre teve suas vontades atendidas; todavia, a severidade e seriedade do barão a mantêm à distância, talvez devido à sua alta posição. Acostumado a mandar e ser cegamente obedecido, nem mesmo em sua vida privada consegue desprender-se do homem sisudo e prepotente que é.

Por sua vez, o novo oficial mostra-se de um humor admirável. Brinca e pilheria com sua irmã, beijando a mãe e cumprimentando o pai. Depois, recolhe-se ao quarto, deixando transparecer o quanto alegre e feliz havia sido aquela noite em que o amor o surpreendeu e o apanhou na pessoa de uma bela jovem.

O sol vai alto quando Helena aparece para a primeira refeição. Seu pai lê no gabinete e a mãe vem ao seu encontro. Logo seu vulto surge à entrada da sala ricamente mobiliada onde são servidas as refeições.

A jovem e sua mãe harmonizam-se perfeitamente, antes parecendo duas irmãs do que mesmo mãe e filha. A senhora baronesa de Valois, sendo bem mais nova que o marido, casara-se com dezessete anos, sonhara com a vida da alta sociedade, deixara-se iludir com os títulos do esposo que, por sua vez, em se tratando de fina e bela donzela, não julgava necessário possuir dotes e brasões; ao homem cabe a obrigação de oferecer à futura esposa um nome e posição ilustres, por isso para a filha exige tal posição.

A senhora Luísa de Valois, após o casamento e passados os primeiros entusiasmos, dá-se conta de que não encontrara o que de verdade desejara. A princípio o marido a acompanha nas distrações; com o passar dos anos, alegando cansaço ou indisposição, dá-lhe toda liberdade para sair com as amigas, o que fez algumas vezes para quebrar a monotonia em que vive. Contudo, por bênçãos dos céus, nasce-lhes a filha para encher sua vida vazia e ociosa. Dá-lhe o nome de Helena, pois em verdade é de beleza helênica, traços finos herdados da mãe; do pai, a obstinação e firmeza de caráter, as quais lhe são peculiares.

Com a ida da filha para o colégio, nas suas férias a senhora baronesa procura fazer-lhe todas as vontades, desejando recompensar os dias de separação. Participa de seus folguedos, passeios e, quando ela adoece, é bem a figura terna e carinhosa de que toda mãe é possuída. Convém salientar, entre as suas qualidades, o respeito sincero que demonstra pelo marido, além do profundo afeto pela filha.

– Bom dia, querida filha – falou a senhora baronesa –, dormiste bem?

– Sim, mamãe, muito bem. Como vês, sinto-me bem disposta – responde-lhe Helena, beijando a mãe.

– Eu e teu pai notamos que o baile, a princípio rejeitado por ti, proporcionou-te momentos agradáveis, pois não?

– Sim, é verdade, mamãe – confirma a filha ao mesmo tempo em que lhe vem ao pensamento a figura do atraente oficial.

– E posso perguntar-te se os momentos agradáveis têm relação com o oficial que vimos acompanhando-te?

– Sim, não posso negar – afirma a moça com um sorriso a entreabrir-se nos lábios. – Bem sabes que nada te escondo. Sinto-me tão alegre, nem sei explicar o que se passa comigo.

– Nota-se, filha – sorri por sua vez a senhora –, e a tal ponto que se diria ter sido amor à primeira vista. Como se chama ele? Como não o conhecemos, creio não se relacionar com nossos amigos.

– Chama-se Carlos. Carlos Giraud – prossegue Helena. – De fato seus pais não mantêm relações conosco, mas espero apresentá-lo a ti e a papai brevemente. Ontem ele me apresentou os pais dele e a irmã.

A senhora Luísa, pondo fim à palestra, adverte a filha:

– Terei prazer em conhecê-lo. Quanto ao teu pai, espera um pouco. Não desconheces seus planos em relação ao teu futuro.

A jovem queda-se pensativa, enquanto vagarosamente ingere sua refeição. Considera os contratempos que terá com o pai, caso o oficial recentemente conhecido não corresponda às suas exigências. Deverão encontrar-se no Grande Parque daí a dois dias; para que se preocupar antes do tempo?

3. As Primícias do Amor

São precisamente 16h30, quando uma carruagem, ostentando suas cores, pára em um dos portões do Grande Parque, dela descendo a jovem baronesa de Valois, acompanhada da ama que permanece no veículo. O oficial, que a avistara, apressa-se em ir ao seu encontro, saudando-a:

– Senhorita Helena, alegro-me em revê-la e agradeço-lhe a honra de ser seu acompanhante por alguns momentos.

– Oficial Giraud, saúdo-o e espero não tenha esquecido algum compromisso, obrigando-o a interromper nosso passeio – acrescentou ela maliciosamente.

Compreendendo a alusão e sorrindo, ele beija-lhe a mão que ela lhe estende.

O sol morno da tarde permite ao jovem par o uso de roupas claras e leves. Ele, em seu traje menos formal, não pode estar mais bem apresentável; e ela, além do chapéu de fina palha juvenil à cabeça, traz uma sombrinha da mesma fazenda do vestido, última moda. Encontra-se simplesmente encantadora.

Vão andando, conversando, discorrendo sobre suas preferências, alguns flagrantes do baile passado, esquecidos de toda realidade que não seja o prazer sentido por estarem novamente juntos; revelando-se e sentindo o enlevo que aumenta e os une cada dia mais.

A jovem baronesa, que freqüentara o parque poucas vezes, pode apreciá-lo melhor nesta tarde, ora sentados na relva, ora percorrendo em barquinho os seus canais; merece-lhe mais atenção que das vezes passadas. Tomam chá no café existente na ilhota que fica no centro do canal. Carlos pede ao músico que ali toca para executar uma das melodias por ambos dançada, ao mesmo tempo em que lhe presenteia belo ramo de flores. Em seguida recita-lhe um dos seus mais novos poemas.

À divina musa

Minha Musa tão querida,
Não poderia, da Vida,
O prêmio de ti ganhar.
Juro-te nada mais quero:
Ser teu escravo sincero,
Por ti viver e te amar.

Minha Musa, ó minha amada,
Dos cantos da passarada,
Quisera ter o teu canto;
Para poder a teus pés
Cantar a beleza que és,
No canto do teu encanto!

A maciez dos teus cabelos,
Difícil de descrevê-los,
Em que a brisa vai brincar.
A cútis alabastrina,
A boca sensual e fina
E o azul profundo do olhar!

Minha Musa, ó meu amor,
Aonde vás, seja aonde for,
Lembra do quanto te amei!
Junto a Deus, em oração,
Na tua doce canção,
De ti não me esquecerei!...

A tarde morria lentamente, enquanto o crepúsculo surgia com seus primeiros instantes de penumbra. Ao término da última rima da poesia, jaziam no ar, emoldurados pelas belezas do ambiente, fragmentos visíveis da emoção dos dois enamorados.

O versejador, tendo entre as suas as mãos da sua inspiradora, beija-as enternecido; sua acompanhante, comovida, procura dominar-se para então falar-lhe:

– É deveras muito bela a sua poesia. Sinto-me lisonjeada em ter servido de tema. Se não for pedir muito, poderá copiá-la para mim?

Ao que ele responde, esboçando um sorriso:

– Sim, e sou eu quem lhe pede perdão por ter tentado palidamente homenageá-la. Sinto-me recompensado na sinceridade externada há pouco.

Alguns minutos depois, levantam-se e retomam seus passos. Despedem-se, não sem antes terem combinado novo encontro para daí a poucos dias.

Se para os jovens tudo é felicidade, uma vez que se sentem atraídos um para o outro a cada novo encontro, com Madalena não acontece o mesmo. Procura e arquiteta planos diversos. A fim de atrair Carlos para junto de si, faz de sua força mental o elo que o mantém ligado a ela constantemente, tendo ainda a preocupá-la a jovem de Valois, a quem sabe de antemão ser uma difícil rival.

É bem verdade que ela conta com bons trunfos pela posição privilegiada que desfruta junto à corte como em toda sociedade parisiense. Tanto que, aguçando sua curiosidade, recolhe informes sobre os ferrenhos preconceitos do barão de Valois, que a mantêm esperançosa e a levam a recorrer ao irmão Marcelo, a quem não passara despercebida a beleza e posição da jovem baronesa.

Ei-la esta tarde conversando com o jovem visconde na sala de música do seu faustoso palácio:

– Ouve-me, Marcelo, não é de hoje que sabes da simpatia que nutro por teu colega Giraud.

Uma pausa significativa e prossegue Madalena:

– E pensar que poderia ter tentado conquistá-lo antes de Helena; mas como podia adivinhar que ele viria a conhecê-la e se enrabichar por ela!? Também, pudera, dificilmente é visto em nosso meio, a não ser nos torneios de equitação.

– De fato, Helena não é moça para se desprezar – ajunta Marcelo, como evocando a lembrança da jovem –, apesar de tanto eu quanto Giraud, por motivos diferentes, não pensarmos em casar. De repente, ele começa a namorá-la. Naturalmente não relutará em casar-se, passando a ficar em situação invejável – rematou maliciosamente.

Madalena de Saint Moritz, ao contrário de Helena de Valois, começara bem cedo a freqüentar toda espécie de divertimento. Ela própria com o irmão os criava, no luxuoso palácio da capital ou nas proximidades dos seus vastos domínios. Autoritária, irrequieta, caprichosa, não tolerava afronta, não conhecia humildade. Tinha vários cortejadores ou, mais propriamente, aduladores, por sua posição social. Dona de uma têmpera indômita, palavra fácil, chegara a surpreender quando trazia à tona nuances de sua vasta cultura. Não se descuidava da aparência, orgulhosa que era de sua alta linhagem. A todos os lugares a que comparecia apresentava-se sempre elegantemente vestida. Justificando-se só se sentir bem quando rodeada de várias pessoas, desabafa com as amigas:

– Não suporto a solidão. Parece-me que um turbilhão de seres invisíveis vive à espreita, esperando oportunidade propícia para me atacar.

Em vista disso, preferia freqüentar os lugares mais alegres e turbulentos, que amenizavam seus nervos irritados e descontrolados por natureza. Eis por que dificilmente seus passos cruzaram com os do jovem oficial, de tendência reservada, romântica e passiva.

Acobertados pelo prestigio que os pais desfrutam na corte, tanto Madalena como seu irmão aproveitavam e usufruíam ao máximo dessa regalia. O jovem visconde, que estudara tão-somente para não sentir-se diminuído perante os demais, detestava responsabilidades e compromissos; todavia, afinava-se demais com a irmã e, unindo o útil (a posição da jovem baronesa) ao agradável (sua beleza), aliava-se a ela para reforçar-lhes os planos.

O dia de há muito despertara, mas um tênue nevoeiro teima em encobrir o astro rei, ansioso por demonstrar, na força de seus raios, a beleza resplandecente da primavera.

Duas semanas passadas da longa conversa do jovem visconde com a irmã, contrariando seus hábitos, ele se dirige ao gabinete do barão de Valois, em uma das dependências do palácio destinada aos magistrados e aos superiores hierárquicos, que ali prestam serviços.

De alto porte, como o são os oficiais da Guarda Real, Marcelo de Saint Moritz é o oposto da irmã: cabelos de um louro ruivo, olhos esverdeados, pele crestada, oferecendo, no seu todo, uma bela aparência, o que mais o favorecia nas leviandades praticadas junto às jovens.

Pedindo para ser anunciado pelo guarda de prontidão, entra em seguida. Saúda o pai de Helena, que retribui o cumprimento e lhe indica, com gestos, uma cadeira.

– Senhor barão, trago-lhe as saudações de nossa casa e, permita-me, em nome de nossas cores e família, convidá-lo para o fim de semana em nossa quinta.

Procurando ser convincente, prossegue Marcelo:

– Possivelmente causará alegre entretenimento à senhorita de Valois, não só pelas distrações como pelo contato que terá com a nossa melhor sociedade.

Enquanto o jovem visconde expõe os motivos de sua visita, o barão de Valois discretamente pousa os óculos sobre a mesa abarrotada de papéis e responde por fim:

– Como o jovem não desconhece, pouco ou quase nada tomo parte nesses folguedos mais próprios para a mocidade. Prefiro a leitura de um bom livro. Desde já agradeço a gentileza do convite e o transmitirei à Helena. Se for de sua vontade, ela tem meu consentimento para comparecer.

Formuladas mais algumas frases de simples convenções, o irmão de Madalena despede-se; no entanto, não perde a oportunidade de fazer sua primeira investida e, com palavras intencionais, alicerçar o plano formulado em conjunto com a irmã:

– Senhor barão, seja portador à Senhorita de Valois da sincera admiração que me causou.

Minutos depois, procura o colega de farda que, conhecedor das suas comodidades, indaga-lhe:

– A que devo esta visita tão matutina?

Ele responde prazerosamente:

– Venho convidar-te, em nome de Madalena, para o sarau em nossa quinta, no fim de semana.

Mostrando-se apreensivo, o convidado não sabe de pronto o que responder, porém, o colega, como que adivinhando-lhe o pensamento, ajunta:

– Venho do gabinete do barão de Valois e obtive dele o consentimento para que a senhorita Helena compareça, caso o deseje.

Vendo declarado o motivo de sua hesitação, Carlos, sem mais delongas, afirma:

– Pois bem, diga à senhorita Madalena que lhe agradeço o honroso convite. Tudo farei para comparecer.

Do encontro que antes terá com a jovem baronesa resultará a decisão definitiva do jovem oficial. Nesse ínterim, a jovem viscondessa dá-se pressa em visitá-la para o mesmo assunto. Imagina ser mais fácil a seus projetos, no futuro, se conseguir consolidar a amizade ou mesmo seu conhecimento com a moça.

Encontra-se ela no vasto jardim do seu requintado palácio, quando o criado lhe anuncia a irrequieta viscondessa, que o seguira. Depois dos cumprimentos naturais, Madalena, com o melhor de seus sorrisos, vai direto ao assunto:

– Querida Helena, perdoa-me vir importunar-te. Não posso furtar-me o prazer de ter-te em nosso convívio no fim da semana, em nossa quinta. Arquitetamos, eu e Marcelo, grandioso programa de diversões. Será um prazer contarmos com a tua presença.

A princípio séria, ela retribui o sorriso de mera cortesia e replica:

– Agradeço à viscondessa Madalena ter-se lembrado de minha pessoa, dando-se ao incômodo de vir pessoalmente convidar-me, quando poderia tê-lo feito através de mensageiro.

– Ora, Helena, não deve o nosso recente conhecimento levar-nos a tratamento cerimonioso; para que estreitemos os laços de amizade, preferi vir pessoalmente.

Fazendo dos gestos um esforço para suas palavras, prossegue a viscondessa:

– Posso adiantar-te que o oficial Giraud está entre os nossos convidados.

Ao pronunciar o nome do oficial a visitante procura dar entonação forte à voz e de imediato espera colher a reação no rosto da visitada. Porém esta, por instinto ou intuição, ou ainda porque não escondesse a admiração e o entusiasmo pelo jovem militar, não esboça nenhuma reação.

– Senhorita Madalena – retruca a jovem baronesa –, como sei que para onde a senhorita volta seus olhos ou gosto há sempre de sua pessoa uma tenaz atenção, agradeço-lhe todo o empenho em me ser agradável. O meu retraimento habitual impede-me de ser efusiva o quanto desejo. Peço-lhe desculpas.

Assim é Helena de Valois, que não sabe fingir em demonstrar efusões falsas, principalmente por quem não sente reciprocidade. Pressente que está diante de uma moça astuta, mas, se sua educação a impede de ser descortês, não lhe permite que saia pensando ter logrado êxito em seu jogo. Avistar se á com o oficial antes, se o pai consentir; terão mais uma oportunidade de estarem juntos.

A quinta da nobre família dos viscondes de Saint Moritz, sempre que ocorrem festas e reuniões, está soberbamente engalanada, demonstrando todo o requinte da alta sociedade. Para os que ali comparecem pela primeira vez em nada fica a desejar pelo luxo, fartura de *buffet* e variedade de divertimentos.

O novo casal de namorados, que aceita o convite pela oportunidade que terão de estarem juntos, espera que os anfitriões permitam-lhes a ocasião de conversarem a sós; no entanto, a jovem viscondessa, que não é de protelar intenções, não hesita em demonstrar o quanto lhe agrada o oficial Giraud. Monopoliza de tal forma a atenção dele que se torna de todo impossível, pela educação e etiqueta, ir ter com a jovem baronesa.

E para o completo êxito das manobras arquitetadas por Madalena, compete a seu irmão assenhorear-se de Helena. Esta – que se vê assediada pelos rapazes, o que se justifica por sua elegância nata e simpatia que irradia à primeira vista –, sendo uma aristocrata, herdeira de títulos, é imbuída de simplicidade espontânea, é bem um espírito iluminado em um mundo não condizente com sua elevação. Diante das convenções sociais ela se deixa conduzir pelo jovem visconde, em meio às inúmeras distrações, sem se sentir atraída por nenhuma delas.

Foi deveras um dia grandioso em entretenimentos, só que para os enamorados não lhes parecera assim...

4. Amor Para Sempre Amor

Os encontros entre o par de enamorados já se estendem por alguns meses. O oficial insiste com a jovem baronesa em entrevistar-se com seu pai a fim de pedir oficialmente o consentimento para namorá-la e, por certo, freqüentar-lhe a casa.

– Helena, dize-me: é mesmo tão difícil falar com teu pai? Ou haverá outro motivo?

Ela, a princípio de cabeça baixa, encara-o tentando dissimular a apreensão e depois responde:

– Não, não há nenhum motivo oculto. Não sejas tão impaciente. Por acaso julgas que papai não sabe que nos encontramos?

– Mais um motivo para falar-lhe o quanto antes sobre nós. A minha impaciência justifica-se; soube o quanto é exigente para com quem te pretender a mão. Sofro só em pensar não lhe preencher as exigências – rematou o rapaz, demonstrando visível preocupação.

A moça, pensativa e séria, conhecendo a rigidez de princípios do pai, atenta no que o namorado lhe fala. Que dizer-lhe, se ela também teme e já se inquieta pela sorte de ambos?...

Pouco depois levantam-se e tomam uma carruagem que os leva à residência dela. Ao parar o veículo, o porteiro apressa-se em abrir a portinhola. Carlos desce, ajudando sua acompanhante, que lhe estende a mão. Despedem-se, enquanto a jovem fidalga replica:

– Não te inquietes. Falarei hoje mesmo com mamãe. Ela nos orientará como fazer.

– Aguardarei que me comuniques como proceder – finaliza ele, beijando-lhe a mão que retivera entre as suas.

Em passos lentos, ela atravessa o grandioso portão de ferro em que se pode ver o escudo do baronato dos Valois. O oficial por alguns minutos queda-se pensativo, enquanto a vê afastar-se em direção à entrada principal do majestoso palácio, ao fim da alameda arborizada. Haviam-lhe dito da importância que o barão de Valois dá aos títulos de nobreza e fortuna, que permitam à filha desfrutar da mesma posição de solteira. E, então, lamenta de si para si: "Helena, por que não nasceste filha de um modesto criado? Amar-te-ia igualmente."

Porém, no romantismo próprio da mocidade ele tenta afugentar os pensamentos tristes, trocando-os por outros mais alegres e conclui: "Não importa; se me amares como te amo, nada nos separará. E eu, que não acreditava em amor à primeira vista..."

Maquinalmente, após acenar-lhe, pega a carruagem e parte.

– Onde está mamãe? – pergunta a jovem baronesa à criada, que a ajuda a despir o mantô.

– No salão de leitura, senhorita.

– Vou ter com ela. Obrigada.

Ao ouvir os passos, a senhora Luísa de Valois abaixa o livro que lê e estende os braços à filha, que lhe corresponde ao terno abraço.

– Voltaste mais cedo, filha – comenta a senhora baronesa, afastando-se para que a filha se sente ao seu lado no amplo sofá.

– Sim, mamãe, nem fomos tomar chá. Preciso falar-te antes que papai chegue.

– Sim?... É coisa tão importante? Vejo-te apreensiva – acrescenta a senhora, esboçando um sorriso.

– Mamãe, sabes bem como gosto de Carlos, mas morro de medo ao vê-lo avistar-se com papai. Receio pelas idéias de nobreza...

– E que aconteceu para estares tão assustada?

– Carlos deseja conversar com ele. Pedir permissão para freqüentar nossa casa. Poderás com teu jeito e tato conseguir esse consentimento?

A mãe sorri, beijando-a na testa para em seguida externar-se:

– Que não farei, minha filha, para ver-te contente? Sossega. Falarei com teu pai ainda hoje. Agora sobe, vai trocar-te, pois ele não deve tardar – finaliza a aristocrata dama.

Na mesma noite, após o jantar, enquanto Helena toca piano na sala de música, o casal conversa no salão de leitura.

– Senhor barão, sei que não lhe passou despercebida a mudança de nossa filha, depois que conheceu o oficial Giraud.

– Só um cego não o notaria. Já providenciei minhas sindicâncias a respeito dele – responde-lhe o barão, volvendo o olhar para a esposa.

– Peço-lhe não se precipitar. Compreenda, é a primeira experiência amorosa de nossa filha. Esses namoricos muitas vezes nem dão certos – prossegue a senhora – e o senhor barão, precipitando-se com seu excesso de zelo, poderá magoá-la.

– Que acha a senhora baronesa que devo fazer? É errado um pai zelar pelos interesses de sua filha? – indaga o pai de Helena, expelindo as baforadas do seu charuto.

– Não, senhor barão, não é isso que quero dizer. Apenas que deve esperar mais um pouco. Afinal, o oficial Giraud é um perfeito cavalheiro. Tive oportunidade de conhecê-lo e deduzir de sua palestra a esmerada educação e finas maneiras.

– Senhora baronesa, não é porque um oficialzinho tem boas maneiras que basta para casar-se com minha filha.

– Não seja tão intransigente, senhor barão. Helena é moça, precisa distrair-se, já que esteve até bem pouco tempo internada. E o jovem oficial, eu lhe asseguro como mãe, é uma companhia agradável a qualquer moça.

– Pois bem, vamos ver como fica tudo isso. Atendendo a seus rogos, vou esperar um pouco e, também, receber o resultado das informações. Pode ser até que a senhora baronesa esteja certa e, no primeiro arrufo, cada um vai para o seu lado.

– Não custa tentar, ainda mais que o oficial Giraud tem na jovem viscondessa de Saint Moritz uma fervorosa admiradora – conclui a mãe de Helena.

A senhora baronesa de Valois, vendo-se tolhida em seus sonhos de mocidade, deseja que ao menos a filha seja feliz; daí aliar-se a ela e pleitear junto ao marido em favor de seu romance com Carlos

Giraud. Simpatizara com o rapaz quando lhe fora apresentado, há semanas atrás, na ocasião da missa dominical em que as duas compareceram à igreja, anexa ao convento e Colégio Sacre Marie.

O oficial não é um católico assíduo. Acompanhava os pais nos ofícios religiosos de maiores vultos, no entanto, desde que conhecera Helena, sabendo-a tão religiosa, manifestara a vontade de acompanhá-la à missa aos domingos. Como todo nobre que se preza, os Valois possuem uma capela particular, mas, a pretexto de rever a madre superiosa, sua grande amiga a quem considera como segunda mãe, ou, ainda, de confessar-se com o padre que desde menina a orienta espiritualmente, a jovem baronesa, na maioria das vezes acompanhada da mãe ou da dama, prefere assistir à missa naquela igreja. Em uma dessas oportunidades, Carlos fora apresentado à baronesa Luísa de Valois.

A conversa entre os pais de Helena assegurava aos jovens namorados um período de encontros e passeios os mais divertidos e despreocupados. O Grande Parque é o passeio preferido por ambos, mas são vistos igualmente na ópera, nos concertos, nos campos de torneios eqüestres (acompanhada, dependendo da hora, da dama de companhia). Outras vezes, simplesmente passeavam de mãos dadas pelas alamedas arborizadas, sentindo o prazer de estarem juntos.

Desde o início do namoro o oficial compreendera, pelas atitudes tímidas de Helena, o quanto ela era reservada e diferente das demais jovens. Via-a corar quando deparavam com alguma cena menos recatada de outros casais; desconcertada, mudava de rumo ou virava as costas, tentando disfarçar seu acanhamento. Dava-lhe o braço e, ao aconchegar-se a ele tão constrangida e dócil, sentia que o amava com a dignidade que envolve os sentimentos nobres e puros, e não com arrebatamentos próprios apenas dos sentidos.

Era seu primeiro namorado e, ao receber dela tanta confiança em seu cavalheirismo, somente aos poucos poderia fazê-la sentir a diferença do amor equilibrado e sensato, o amor de vibrações elevadas em que as carícias penetram na alma para mais harmonizá-lo, e não deprimi-lo e rebaixá-lo.

Com a tática peculiar às mulheres, a jovem baronesa consegue protelar a entrevista entre seu pai e o oficial, afirmando a ele que o pai sabe de seu namoro, o que não deixa de ser verdade; por outro lado, nutre a esperança de que o barão, sabendo-a tão firme no propósito de futuramente desposar Carlos, capitule e dê finalmente o seu consentimento. E, já que a senhora baronesa o conhece e apóia, vai tudo bem. Só que a mãe de Helena não contara à filha o ponto vital da conversa, que acomodou o esposo: ser o namoro eventualmente um desses passatempos comuns aos jovens de todas as épocas, o que acalmara as intransigências do barão.

A senhora Luísa de Valois e sua filha haviam chegado à quinta no início da semana, após concordância de que o oficial Carlos Giraud vá visitá-las quando estivesse de folga. No dia aprazado, Helena, que mal conciliara o sono, levanta-se tão cedo que admira a criadagem.

– Bom dia – dirige-se à sua ama.

– Bom dia, senhorita. Pelo visto, vai começar seu passeio muito cedo...

– Não antes da visita que espero chegar.

– Ah... sim... – anui a ama, sorrindo.

– Sim – confirma a jovem. – Mamãe já se levantou?

– Já, como de costume, e encontra-se na estufa.

– Vou tomar minha refeição e em seguida irei vê-la.

Assim o fez, tendo a criada ido anunciar-lhes, uma hora depois, a chegada do oficial Giraud.

Terminados os cumprimentos naturais, sobem para mudar de roupa, a fim de cavalgar pelas proximidades, como é hábito da jovem baronesa. O dia parece brindar o par amoroso com seus raios luminosos, mas brandos, a propiciar-lhes um passeio agradável. Alguns minutos passados, o militar é o primeiro a descer. A roupa de equitação destaca-lhe o porte másculo e varonil. Calça cinza-azulada, camisa creme de fina seda, jaqueta de pelica marrom, botas da mesma cor. Arrematam-lhe a elegância um lenço de seda em volta do pescoço e na mão o rebenque que agita de vez em quando, enquanto aguarda a namorada.

Mais alguns minutos, ei-la que surge no topo da escadaria de mármore, acabando de calçar as luvas. Saia marrom, cujo corte adelgaça-lhe a cintura fina e os quadris ondulantes, corpete da mesma cor, blusa de mangas bufantes de um azul esverdeado, ao pescoço uma echarpe em tom mais acentuado que o da blusa, presa por um camafeu. O azul esverdeado da indumentária faz-lhe sobressair o azul dos olhos, que se assemelham a duas águas-marinhas.

Acompanhando com a vista sua descida, o olhar de Carlos diz mais que qualquer palavra; mas, sendo-lhe impossível conter-se diante de tanta beleza em harmonia primorosa, ele expressa em versos que havia decorado:

– Helena, para quem te fazes sempre bela, / Se da mais rutilante e da mais bela estrela / Jamais se te compara a harmonia e a beleza? / E em verdade, ao te ver assim como rainha, / À tua volta o mundo em festa te acarinha, / Invejando-te o porte e o perfil da realeza!

Tentando disfarçar a emoção, a herdeira dos Valois sorri-lhe e, dando-lhe a mão, responde:

– Meu elegante trovador, vamos despedir-nos de mamãe.

Pouco depois, saem a trote curto. Conversam sobre como passaram o tempo, nos dias em que não se viram. Em dado momento, Carlos, cujos pensamentos vários insinuaram-se de há muito em sua mente, não se contém e, lado a lado da jovem, fala-lhe:

– Helena, não sei se percebes o quanto te amo, no entanto, acodem-me às vezes pensamentos e me pergunto: "E... se ela não te amar o quanto supões?"

Ela, com o olhar fixo à frente do caminho, nada diz; queda-se como se outros pensamentos lhe ocorressem. O cavaleiro, percebendo-a muda, indaga pressuroso:

– Nada me dizes?

A jovem fidalga volta-lhe enfim o rosto, encarando-o séria, com o semblante impenetrável e, na tentativa de mudar de assunto, responde-lhe:

– Vamos apostar uma corrida até o descampado. Fica logo ali à frente; não será difícil encontrares.

– Não me respondeste nada do que te perguntei – insiste ele.

– Por que teimas em falar de coisas sérias? Vamos... Quem chegar primeiro tem direito à escolha do prêmio.

E, mal completando a frase, esporeia o cavalo, obrigando o oficial a fazer o mesmo. A ela cabe a vantagem de conhecer o caminho, sendo também ágil amazona; no entanto, ele, como campeão de vários torneios, não teria nenhuma dificuldade em chegar primeiro. Somente o cavalheirismo o impedia de fazê-lo e, para contornar a situação, dá rédeas a seu cavalo. Quando avista o ponto combinado, modera-lhe o passo de modo a que cheguem empatados...

No afã da corrida, Helena, contagiada de alegria, sorri à vontade, dando expansão ao seu contentamento e surpreendendo-o pela sua natural espontaneidade. Despreocupada e feliz, assemelha-se a uma menina em férias. Com o movimento da corrida, soltam-se alguns fios de seus cabelos. Carlos segura-lhe as rédeas, freando seu cavalo. Desmonta-se e a ajuda a fazê-lo. A jovem baronesa estende-lhe os braços, ainda com o rosto afogueado da corrida, e ele a sente como nunca junto a si. O beijo inevitável acontece...

Beijo. Que és, em verdade, quando na fusão de dois sentimentos te sentimos como se nesse ato trocássemos de alma? O coração recebe todas as emoções e quantas descobertas são feitas através de ti!

O mesmo acontece com a jovem baronesa de Valois. Ama o oficial com todas as suas forças e pureza de alma, porém, tímida e reservada por natureza, surpreende-se ao sentir-se possuída de emoções até então para ela desconhecidas. Desprende-se do namorado abruptamente e, andando alguns passos, vira-lhe as costas. Ele, um cavalheiro sob todos os aspectos, compreende o que se passa em seu íntimo e, procurando ficar-lhe à frente, diz:

– Helena, querida, perdoa-me se te feri os brios. Não era essa a minha intenção.

Cabisbaixa, ela revira entre os dedos o lencinho que tirara do bolso, enquanto o oficial prossegue:

– Jamais te acarretarei situações vexatórias, não só porque a honra me impõe, como pelo amor que te dedico. Amo-te e, por amar-te mais que à própria vida, és para mim sagrada. Aquele que ama verdadeiramente só deseja a felicidade do ente amado, nunca lhe impõe situações duvidosas e de sofrimentos.

A moça permanece calada, como se as palavras dele fossem o que mais desejava ouvir, e ele, ao observá-la tão abstrata, continua:

– No dia em que não mais me quiseres ver, peço-te, sê franca. Nunca me imporei a ti, mesmo que acerbos sofrimentos eu venha sentir. Sentir-me-ei feliz em acompanhar de longe tua ventura. O consolo de saber-te feliz é a recompensa que aliviará minha dor.

A jovem, volvendo o olhar em direção dele e ainda com ligeiro rubor na face, procura dissimular seu acanhamento:

– Acaso pensas que não sei que os namorados se beijam?... Eu é que sou muito tímida e tola... Tens muita paciência comigo...

Fazendo uma pequena pausa, ela acentua:

– Não sabes como tuas palavras me fizeram feliz. Se às vezes me ponho a pensar sobre quantas outras te rodeiam e te oferecem amor, nunca tive dúvidas de tua honra e de teu cavalheirismo.

Interrompendo-a, ele acrescenta:

– Nunca te darei motivos para enciumar-te.

– Se assim não fora, não poderia amar-te como e quanto te amo; e sinto-me capaz de amar-te – arremata Helena, olhando-o nos olhos.

As palavras ressoam aos ouvidos do oficial com sabor de deliciosa ventura. Como ele as esperara, quanta angústia até então sentira ao pensar que ela nunca lhe dissera se o amava. Ébrio de felicidade por sentir-se intensamente amado, levanta-lhe o queixo, procura-lhe a boca perfumada e, como se fosse um botão em flor a se abrir à espera de doce néctar, deixa que o beijo do amor sublime lhes fale ao coração...

Retêm-se ainda algumas horas a passearem de mãos dadas. A moça vai mostrando ao namorado as redondezas dos verdejantes campos, entremeados de riachos e flores silvestres onde ele, conforme vão caminhando, com pequeno punhal insere nas árvores frondosas as iniciais de ambos. Jamais esquecerão aquele dia de tão doces e inefáveis alegrias...!

À tarde, após o almoço, enquanto a senhora baronesa recolhe-se à sesta, Helena mostra ao oficial a parte externa da quinta, entre aconchegados e felizes. Termina a visita com ela executando algumas músicas ao piano, dando mostra da grande sensibilidade de que está possuída. Antes de escurecer, ele se despede, prometendo revê-la quando ela retornasse à cidade, dentro de algumas semanas.

5. Diversidades de Sentimentos

Sabedora de que a jovem baronesa achava-se fora da cidade, a jovem viscondessa vê logo uma oportunidade de se aproximar de Carlos e, para tanto, não hesita em ir procurá-lo no próprio quartel às primeiras horas do dia. Manda-o chamar pelo guarda de serviço e o espera na sala destinada às visitas.

Ao constatar de quem parte a visita, o oficial não escondeu seu aborrecimento, bem maior ao saber não faltar quem leve esse encontro aos ouvidos do barão ou mesmo à própria namorada. Sem nem ao menos cumprimentá-la, interpela-a com demonstrações visíveis de enfado:

– Senhorita Madalena, há alguma coisa em que lhe possa ser útil?

– Bom dia primeiro – replica-lhe a jovem, afável. – De fato preciso de um favor teu.

– Acredito ser de muita importância e que só eu posso fazê-lo, não?

De pé, o oficial evidencia sua impaciência e continua:

– Se a senhorita for breve em dizer o que deseja, ser-lhe-ei grato.

Como se não tivesse ouvido as últimas palavras do militar, Madalena senta-se em uma poltrona, já que não fora convidada por ele a fazê-lo, indicando não ter nenhuma pressa.

– Como Helena está fora e... assim... dispões de mais tempo para rever os amigos, venho pedir-te para acompanhar-me no torneio de equitação: o de casal, já que não participas do individual. Como és hábil, recorro aos teus bons ofícios e préstimos – prossegue a moça.

Com o rebenque na mão, por ser sua especialidade a cavalaria, muda-o por vezes de mão, agitando-o, como se quisesse fazer entender à importuna jovem o quanto o aborrece sua presença. Por conhecer a fama da jovem viscondessa e sua prepotência, seria a última a quem cortejaria, e justamente ele foi lhe despertar interesse.

– Peço-lhe sinceramente desculpas. Outros compromissos, a que não posso faltar, impedem-me de aceitar seu honroso convite – responde-lhe o rapaz.

A jovem faz um gesto de contrariedade, já que não estava acostumada a ser repelida.

– Não sei por que desprezas minha amizade. Não escondo como te estimo e tu nem ao menos demonstras simpatia por mim.

– Senhorita Madalena, sinto-me no dever de não iludi-la com falsa aparência; do que sei, não lhe poderei corresponder. Prefiro que me julgue rude a alimentar-lhe ilusões que nos poderão causar sofrimentos inúteis – conclui ele.

– Mas... não poderás ao menos ser meu amigo? Basta que me testemunhes amizade. Não estás comprometido oficialmente, e duvido que consigas. Mesmo assim, outros não se isolam como tu.

– Dispenso a opinião da senhorita no que só a mim diz respeito. Peço-lhe desculpas, mas o dever me obriga a deixá-la.

O oficial espera que Madalena se retire, e conjeturando quando ela se dará por vencida e o deixará em paz, volta a seu trabalho.

Chegando em casa, ela vai direto ao encontro do irmão, na sala de música, onde ele lê uns programas de ópera. Joga-se em uma poltrona e, procurando dar tom natural a voz, desabafa:

– Sabes, procurei hoje teu colega Giraud para acompanhar-me ao torneio civil de equitação. Nem imaginas como me tratou. Foi de uma rudeza desconcertante e, apesar de Helena estar fora, recusou-se terminantemente.

Diga-se de passagem que as pretensões da irrequieta viscondessa eram perfeitamente normais, quando a devassidão era a rotina da época e os maus costumes, diretrizes aceitas pela maioria onde o respeito e a sinceridade entre os casais ficavam muito a desejar. Por isso, não entendia a nobre senhorita como Carlos Giraud, um simples oficial com uma aparência que lhe abria todas as portas, arraigava-se a princípios tão discordantes da moral de então.

Detendo-se na leitura, Marcelo sem preâmbulos responde-lhe mordaz:

– Pensei que o barão de Valois, tão exigente, fosse impedir o prosseguimento desse namoro. Pelo visto, qualquer dia destes recebemos o convite para as bodas...

– Pelo que ouço estás de muito bom humor – retruca-lhe a irmã –, mas tua piada é de muito mau gosto. É que ele não me oferece a mínima oportunidade, senão não hesitaria em promover até um escândalo.

– Por sua vez, Helena não comparece nunca onde estamos – ajuntou o rapaz. – Parece evitar-nos propositalmente. Também não a posso cortejar ostensivamente, pois Giraud seria capaz de duelar por ela. E eu, minha cara – continua Marcelo em tom de pilhéria –, estou muito moço para morrer, sem nem ao menos ter gozado as delícias da vida e do amor...

– Mas nada te impede de insinuar-te junto ao barão, como um suposto pretendente. Além do que, tens tudo, mano, para agradar ao mais exigente dos pais: título de nobreza, fortuna e sobretudo a posição invejável de que desfrutamos junto à corte – acrescenta Madalena, robustecendo a idéia que tivera.

– Sinto até pena do pobre Giraud...

Um riso de mofa junta-se às últimas palavras do jovem visconde.

Os irmãos ainda conversaram longo tempo sobre o mesmo assunto. Para arrematar, a jovem fidalga conclui, ao subir para os seus aposentos:

– Meu caro irmão, não sei bem onde ouvi, mas concordo plenamente: os fins justificam os meios. Sofro intensamente com o desprezo de Carlos e, mais ainda, de ciúmes a cada vez que o vejo com Helena. Confio nas tuas habilidades de homem experiente. Até à noite. Vou descansar um pouco – finaliza ela, dirigindo-se ao interior do suntuoso palácio.

O irmão permanece sentado, olhando o programa sem contudo lê-lo. Tem vontade de ajudar a irmã; não só sente pena dela, como das humilhações que vem recebendo do colega. Merece ele um corretivo, concluiu. Ficou por longo tempo amadurecendo planos diversos, sem todavia decidir qual o mais eficiente.

Em seus aposentos, Madalena atira-se na cama vestida como está. Olhando vagamente para o teto, analisa sua situação desde o começo do namoro do militar com a jovem baronesa e sente aumentar seus sentimentos por ele. Tudo vem fazendo no sentido de, ao menos, captar-lhe a simpatia e a amizade. Procurara, por meio de Címtia, sua irmã, fazer-se mais íntima da família. Diversas vezes, com a intenção de vê-lo, vai visitá-la, leva-lhe custosos presentes, porém o oficial assiste a tudo com fria reserva, cumprimentando-a cortês. Contudo, alegando compromissos inadiáveis, sai ou fecha-se em seu quarto. Estranhamente Madalena sente que seus sentimentos tomam vulto; dir-se-ia que a frieza do rapaz, ao invés de dissuadi-la, mais lhe aumenta o amor que ela sente por ele. Por mais que queira tirá-lo do pensamento, a indiferença dele a torna mais obstinada.

Certa vez, como costumava fazer ultimamente, ela vai à casa do oficial. Pouco depois chega a jovem baronesa. Visita os pais do namorado não só pela simpatia mútua, como pela consideração que lhes dispensa. Com exceção da primeira e uma outra vez, propositalmente só aparece quando o sabe em serviço, e o faz sempre acompanhada da dama de companhia.

Naquele dia, não fora a educação de ambas e o tato sempre presente de Helena, por pouco a jovem viscondessa não lhe despeja em palavras a antipatia que não consegue dissimular e o ódio que se percebe em seu olhar. Pouco se demora a namorada do jovem oficial, enquanto a outra só se retira depois que ele chega.

– A simpatia de teus pais retardou-me a saída; assim, aproveito para cumprimentar-te. Por onde andas?

Sem dar tempo ao rapaz de responder-lhe, acrescenta:

– Parece-me que, propositadamente, me evitas.

– Impressão da senhorita. O dever é que me obriga a tanto – contesta ele.

– Não me digas que o trabalho absorve-te todo o tempo. Se assim é, falo com papai e garanto-te que S.M. não deixará de atender-nos um pedido – continua a fidalga.

– Em absoluto. Estou satisfeito com meu posto. São outros compromissos que me escasseiam o tempo – ajuntou Carlos.

Os pais não lhe haviam falado da visita da namorada, só o fariam depois da saída da viscondessa. Sabedores da insistência da jovem e do arredio do filho – justo por sinal –, pedem-lhe que tenha paciência. Quem sabe um dia ela encontrará outro que lhe desperte a atenção, inconstante como é, e o esquecerá, deixando-o em paz...

Os Girauds, experientes, conhecedores do gênio explosivo da moça, procuram através de conselhos e advertências ao filho contornar a situação, porém ele teme que ela, ardilosa e temperamental, o enrede em alguma trama das muitas que já fizera. Sentia-a como dessas mulheres de quem tanto o amor como o ódio lhes faz mal, quando contrariadas.

Enquanto a namorada está na quinta, Carlos bem pouco sai de casa. Os convites em abundância e de todas as partes chegam. Não faz diferença sejam até da mais alta nobreza, porém, por respeito à criatura amada, seleciona-os, diminuindo suas saídas e visitas.

Paris é bem a cidade de todas as épocas. A devassidão e a licenciosidade tomam conta da maioria de seus habitantes, predominam as intrigas urdidas da noite para o dia, em que os chamados nobres e de altas envergaduras, por coisas de somenos, destroem, matam, aniquilam criaturas sem que elas saibam o porquê de tal punição. O jovem oficial sempre fora prudente; as aventuras que tivera não lhe deixaram marcas, nem manchas, como aliás não manchavam ninguém. Assim, acautelava-se a fim de que não fosse enrodilhado em uma dessas tramas de fins funestos.

Eram mais ou menos oito horas da noite quando uma carruagem com as cores do baronato de Valois pára à porta da residência dos Girauds. O serviçal corre a avisar o militar que, em seu quarto, como vem fazendo amiúde, escreve versos à querida ausente. Recebe a carta de Helena, rasga-lhe febrilmente o envelope inteirando-se de seu conteúdo.

Querido Carlos.

Surpreendi-me ao não ver teu nome constar na lista individual do torneio de equitação civil. Mamãe conseguiu consentimento de papai para voltarmos, a pedido meu, com a intenção de ver-te participar da prova, uma vez que o vinhas fazendo anteriormente.

Espero-te amanhã (se não puderes vir, avisa-me), às 16 horas, para sairmos.

Saudades imensas.

Helena.

Aproveitando o portador, Carlos rabisca um curto bilhete com alguns versos e os envia à namorada.

Amada Helena.

Explicar-te-ei pessoalmente, amanhã, o motivo de minha resolução em não participar do torneio civil deste ano.

Envio-te alguns versos que sei não te retratam fielmente, mas falam por mim de quanto te amo. Até amanhã, amor.

Carlos.

A jovem baronesa, ao receber do mensageiro o envelope em que a letra firme do namorado escrevera seu nome, corre a seu quarto e, fechando a porta, apressa-se em abri-lo. Recostada na estofada cadeira, de alto encosto, lê e relê os versos que ela inspirara com tanto amor. Ali, na intimidade do seu quarto, sozinha, sorri comovida; jamais pensara em que o amor pudesse fazê-la tão feliz.

Das inúmeras poesias recebidas destaca umas sextilhas de fácil decoração e, por julgar a última como uma mensagem que lhe fala profundamente à alma, lhe dedica carinhosa acolhida:

Cromos

Na flor te vejo, abrindo-se mimosa,
De pequenina faz-se majestosa,
Que em seu perfume a todos inebria.
Sinto-te como após a tempestade,
Novo sol que desponta bem mais tarde,
Trazendo luz, calor e um novo dia!...

Sinto-te assim no céu entre as estrelas,
Que de emoção me tomo, Amor, ao vê-las,
No seu brilho ofuscado junto a ti...
Vejo-te, Amor, os campos percorrendo,
Nas mãos floridas outras mais trazendo,
Sendo o cromo dos cromos que já vi!...

Sinto-te, na eloqüente inspiração,
Renovando-me cada vibração,
Diferente de todas, não sentida...
Vejo-te assim em sonho sublimado,
Pelo Pai no Infinito acalentado,
Único Amor em toda a minha vida!...

Sinto-te na maior felicidade,
Nesta vida ou no além da eternidade.
Felizes certamente iremos ser
Mesmo que apenas sofrimento eu tenha.
Prefiro aquele que de ti me venha,
Pois viver sem te amar não é viver!...

Ao reconhecer-se tão profundamente amada, a poesia deixa-a radiante de alegria, sente que o ama em igual intensidade. Evoca sua figura alta, viril, sua voz quente, forte, terna, as mãos que se fazem suaves ao acariciar às suas e, por fim, seus beijos, como os que lhe penetraram o íntimo dando-lhe forte emoção ao recordá-los!... Se na sua frente torna-se tímida, acanhada, a sós deixa que todo o amor de que se sente possuída extravase em frases eloqüentes, dizendo de si para si: "Carlos, meu amado, não deixes nunca que eu desperte da doce ventura a que teu amor me elevou." E prossegue, emocionada, rodopiando com as folhas abraçadas: "Carlos... oh!... Carlos... como te amo, amo-te até o infinito, não sei de onde me vem tanto amor, mas sei que não poderei amar a nenhum outro senão a ti." Senta-se ofegante à beira da cama. Uma pausa e vem-lhe ao pensamento certo fenômeno do qual não conhece o motivo, nem sabe a explicação, e continua: "Não sei explicar, mas, às vezes, ao pensar em ti, sinto como se teu espírito se fundisse no meu e fôssemos uma só alma."[1]

Assim pensando, recompõe as folhas, coloca-as no envelope, abre uma gaveta na cômoda ao lado, dela retira uma caixa de madeira com incrustrações de prata, de tamanho regular, e nela deposita o envelope.

No dia seguinte, na hora aprazada, Carlos salta de uma carruagem, indo ao encontro de Helena em sua residência. Pouco depois saem a passeio.

O inverno, aos poucos, vem se insinuando, fazendo com que os namorados se refugiem em um fino café com música. Instalam-se em discreto recanto. Impossibilitado por trabalho de última hora e para não atrasar-se ao encontro, ele ainda enverga o uniforme que tanto lhe realça o porte. Após ajudar sua acompanhante a despir o mantô, retira o seu, enquanto ela, sentada, acompanha-lhe os gestos com o olhar.

Em um mundo conturbado, envoltas as nações em discórdias e guerras pela transitória supremacia do poder, os seres dominados pelo egoísmo sempre crescente, acalentando paixões irrefreáveis, dificilmente estarão em condições de aquilatar um amor, quando puro e sincero. E é o amor o único meio de que deveriam utilizar as criaturas para assegurar a paz em prol do bem comum, deturpado em sua essência, aviltado em suas formas, enxovalhado no seu todo na maioria das vezes.

Amor! Por conteres muito de divino, a humanidade empedernida no materialismo não pode te sentir toda a plenitude e sublimidade; quando em verdade somente contigo, e através de ti, conseguirá ela conquistar a elevação espiritual!

Olhando a jovem baronesa, o jovem oficial nota, naquele instante, a mesma admiração que tantas vezes ela demonstra por ele. Eram

---

[1] O autor espiritual quer ressaltar, de maneira poética, neste texto, a grande afinidade dos dois enamorados. De forma alguma se pode conceber a idéia de que as duas almas, em conjunto, formariam apenas uma. A idéia das almas gêmeas tem suscitado polêmica no movimento espírita. Questionado a respeito do assunto, o espírito Emmanuel, através da mediunidade de Francisco Cândido Xavier, na obra *O consolador*, afirmou que esse assunto é bem mais complexo do que se supõe. Elas nada têm a ver com as metades eternas condenadas em *O livro dos espíritos*. Almas gêmeas podem ser consideradas, nos termos da resposta 388, dada pelos espíritos: "Entre os seres pensantes há ligações que ainda não conheceis." (Nota da editora)

bem duas almas afins que se completavam em tudo. Amavam-se com a força e as depuradas qualidades dos sentimentos elevados, não se deixando influenciar pelas intrigas que se formavam ao redor, nem se deixavam instigar por tolas cenas de ciúme. Tinham por base o respeito mútuo, a confiança recíproca e, por assim agir, Carlos explica à Helena as visitas da jovem viscondessa e o porquê de não participar do torneio civil de equitação da cidade.

– Participava desse torneio porquê ainda não estava incorporado às fileiras de oficial da Guarda Real. Por dever terei que tomar parte nas festividades de aniversário de S.M. Prefiro dedicar mais atenção a uma só competição, a fim de não decepcionar a rainha do meu coração – arrematou o jovem, beijando-lhe à mão.

Ela, sendo de opinião de que quando o afeto é sincero não há por que temer as investidas de rivais, nunca fizera menção aos constantes assédios da viscondessa, no entanto, com o fim de pilheriar, disfarça o tom de voz e fala-lhe mais a sério:

– Então a nobre viscondessa Madalena de Saint Moritz deseja-o como par... Não sei por que não aceitas tal privilégio...

– Por quem me tomas? – replica-lhe o rapaz. – Acaso estás brincando, não?

– Tu é quem deves pensar mais a sério; afinal, ela não esconde a admiração que sente por ti, além de poder colocar-te em alto posto.

– Por favor, Helena... não te posso compreender. Não sei se estás com ciúmes ou se deveras queres que te deixe. Se assim é, fazes isso de modo muito estranho...

A baronesinha sente que não deve continuar, porém, de semblante impenetrável, articula:

– Carlos, estou brincando contigo, mas digo-te que Madalena deve amar-te muito, pois que, amando-te como sinto que te amo, não teria coragem de fazer o que ela faz.

O oficial abaixa os olhos e, segurando ambas mãos da amada, pede-lhe:

– Podes falar um pouco de nós. Lembra-te de que os minutos correm, não tarda a hora de ires embora.

Com entonação acariciante ele procura mudar de assunto e acrescenta a meia voz:

– Não vejo chegar o dia de casar-nos e terminar para sempre com essa separação incômoda. Previno-te de que depois das festividades em vista, quer queiras quer não, vou falar com teu pai.

– Peço-te que tenhas paciência com papai – adverte Helena. – Talvez, pela idade, aferrou-se a certos preconceitos, mas sei que muito me ama e quando convencer-se de que só contigo serei feliz consentirá em nosso casamento. Aí então mais crescerá nossa felicidade – arremata a moça, acariciando-o com o olhar.

Continuam a conversar, aconchegados, tomando chá e ouvindo música. Vez por outra passa um conhecido que os cumprimenta, assim ficando mais algumas horas juntos. E em suas orações nada mais pedem a Deus senão que nunca os separe.

6. Limiar de um Testemunho

O aniversário de S.M. é um dos acontecimentos em que Paris e as principais cidades da França se engalanam por todo o mês, com festejos os mais variados. Destacam-se as caçadas em dias seguidos, terminando com todas as presas assadas e servidas em lauto banquete, regado dos mais finos vinhos, durante o qual os menos comedidos aproveitam para exagerar nas bebidas, indo além do permitido pelos bons costumes.

A parada militar é o acontecimento de maior realce e beleza por ser constituído de jovens onde o garbo e a harmonia de porte se fazem notar e de que não tomam parte o veneno das bebidas e os desregramentos da época. São feitas disputas diversas e inúmeros atos religiosos em todas as cidades, no entanto, o torneio de equitação no prado principal e o baile de gala no palácio de Versailles são os festejos mais concorridos e preferidos.

Se fores um pobre operário, cujo minguado salário mal dá para te alimentares e à tua família, mas, se podes com a consciência tranqüila deitar-te e dormir o sono dos justos, agradece a Deus essa tranqüilidade... Se fores um mendigo e na tua peregrinação recebes sobejo e serves de galhofa aos que não te entendem a prova, fazendo das calçadas frias das ruas a tua cama, onde a folha de jornal cobre-te as vestes andrajosas e, mesmo assim, o teu sono é calmo e sereno, agradece a Deus essa serenidade. Se fores senhor de vasta fortuna em função do que o mando serve-te à vaidade nociva, usufruindo dos melhores confortos e privilégios da época moderna, sem conheceres privações, e se, ainda assim, ao levares essa vida faustosa, sentires que a paz te acompanha todos os dias, agradece a Deus essa paz, pois é o que de melhor tens de teu.

Luís XV é rei de França e de diversas e imensas províncias. A história não lhe retrata o verdadeiro perfil, tal como ainda hoje o íntimo de cada um continua indecifrável à visão humana. Ao débil rei foram-lhe imputadas ações e decretos com os quais nem sempre concordava, mas que assinava na ânsia de ver-se livre dos constantes assédios de seus assessores, que não lhe davam tréguas enquanto suas vinditas não fossem satisfeitas...

Por um momento de paz, paz que nem dormindo conseguia, ele assinava qualquer sentença, consentia nas maiores barbaridades, fazia-se indiferente a toda injustiça, já que não podia livrar-se do enorme peso da coroa. Aparentava, no gargalhar sem conta, nas brincadeiras frívolas, uma personalidade que fugia à realidade e, como todas as criaturas, desejava ardentemente encontrar o verdadeiro amor e a paz.

Eram os dias de festejos de seu aniversário os de maiores atribulações e, como não há nenhum ser que não anseie por momentos de tranqüilidade, Jesus, conhecedor dessa verdade, doou-a a seus apóstolos: "Eu vos deixo a minha paz! Minha paz vos dou."

Tinha Luís XV todo o ouro a seus pés, um séqüito de vassalos, todavia, dele próprio nada possuía, não dispunha nem mesmo de seu corpo. Sua vontade, com desculpas de que refletia mal para o trono, nem sempre era obedecida e, atordoado pelos pesados encargos a que estava subjugado, deixava-se levar a desatinos, dos quais tardiamente se arrependia.

O amor batera-lhe às portas do coração nos primórdios da juventude. Impossibilitado, por sua hierarquia real, de satisfazer aos anseios da alma, daí para frente tenta vencer a sede de afeto da qual se vê possuído, apegando-se a aventuras tão fugazes como perniciosas. Aos olhos do mundo passa para a história como um dos reis mais dissolutos.

Contudo, graças te damos, ó Deus de amor e misericórdia, que a Ti nada passa desapercebido!

O dia do grande torneio de equitação militar amanheceu frio. Público intenso de todas as camadas lota o vasto prado. Os cavaleiros se apresentarão, cada um mostrando o que de melhor sabe e pode em exibições dessa natureza. Toda a corte encontra-se presente e aproveita para ostentar seus brasões e cores.

Os Girauds, na parte destinada aos familiares dos oficiais da Guarda, e até mesmo os dignitários da igreja, são vistos em grande número. Para que pudesse fazer boa figura, o oficial Giraud empenhara toda a sua experiência, treinando intensamente, inclusive renunciando aos demais torneios, desejoso de oferecer boa apresentação não só à S.M., como à criatura que ama. Se os treinos intensivos deram-lhe domínio e segurança sobre o cavalo que vai conduzir, o tratamento carinhoso enseja-lhe oportunidade de se fazer compreender pelo animal e, como este reino também é criação de Deus Todo-Poderoso, criador único de todo o universo e o que nele existe, fica provado que onde se põe amor toda tarefa se torna sempre mais fácil.

Levando o cavalo docilmente pelas rédeas, Carlos lhe alisa antes o lustroso pêlo escuro e fala-lhe como a um amigo:

– Xantô, acaso já amaste alguém? Pois bem, se não amas, não poderás entender-me, mas se amares a uma da tua espécie, te esforçarás para lhe oferecer esta vitória. Vamos, amigo, confio em ti. Não te esqueças disso.

Acaricia-lhe o dorso e leva-o à reta de partida. Dada a saída, Carlos prefere não avançar demais, a fim de não cansar muito cedo o animal. Sua agilidade e adestramento são extraordinários. O domínio nas rédeas e cabrestos, unido à compreensão do cavalo, que lhe obedece aos manejos nos momentos exatos, faz espocar da multidão palmas frenéticas e entusiásticos vivas. Nas ultrapassagens, o cavalo as faz nas ocasiões certas e com perfeição. Sem grandes sacrifícios, Xantô vai abrindo caminho à vitória, pelo perfeito entrosamento entre cavalo e cavaleiro. Se o animal correspondeu plenamente à confiança do seu cavaleiro, este a capta no instante em que o tratou com carinho.

Assim, entre um alarido ensurdecedor de gritos e vivas, ei-los os vencedores cruzando a reta final. A última apresentação é em frente ao rei, fazendo jus à fama que vem mantendo de ser o melhor e o mais belo de todos os cavaleiros. Trava o cavalo e, de um salto, vê-se de pé diante do rei. Em seguida, dirige-se ao lugar de honra, onde S.M. e toda a sua comitiva encontram-se. Antes de conseguir seu intento, é interceptado por tantas e inúmeras damas que o abraçam e o agarram pelo pescoço, forçando a interferência dos guardas mais próximos.

Ao chegar perto de S.M., saúda-o como de praxe e recebe, além de palavras de louvores à sua destreza de cavaleiro, um belo espadim de ouro cravejado de pedras preciosas, prêmio por haver ganho o torneio. Tenta depois encaminhar-se ao local onde se encontra os Valois, no entanto, vê-se tolhido em seu intento, quando depara à sua frente com Madalena de Saint Moritz. A moça, impulsiva como sempre, não hesita em atirar-se de encontro a ele, abraçando-o efusivamente, tendo sido tão rápido o gesto que não lhe dera tempo de evitar.

A poucos passos, Helena e seus pais a tudo assistiam. O cavaleiro, ao cair em si, deduz que outro propósito não teve a jovem viscondessa senão o de enciumar e atingir a jovem baronesa. Ao olhar a cena desagradável, Helena vira-se para outro lado, dando a impressão de ignorar a presença do namorado, e ele compreende de imediato, pela atitude dela, ter a impulsiva viscondessa conseguido seu intento. Apressa-se a cumprimentar os pais, recebendo um frio aceno de cabeça do barão, enquanto a senhora. Baronesa diz-lhe algumas palavras elogiosas pelo feito de há pouco, estendendo-lhe a mão que ele beija respeitoso.

Pela primeira vez encontra Helena abstrata, distraída, olhando além, sem lhe prestar realmente atenção. Ela não se volta nem ao ouvir-lhe a voz. Assim, ele vê confirmados seus receios de que os acontecimentos, impossíveis de serem evitados e completamente imprevistos, a deixaram aborrecida. Vem-lhe à lembrança, por sua vez, ter visto, quando do alinhamento dos cavalos na pista, a presença de Marcelo de Saint Moritz junto a ela e, no momento, está sem saber ao certo o que a deixara de mau humor.

Toca-lhe na mão, como procurando atrair-lhe a atenção, dizendo baixinho:

– Senhorita, permita-me um minuto de sua atenção. Vejo-a tão ausente, queria ter o poder para penetrar-lhe o pensamento.

Séria, ela o encara sem disfarçar a contrariedade. Por mais tentasse subtrair-se ao ciúme, sentira-o quando Madalena, impetuosa e leviana, não hesitara em cortejá-lo às suas vistas e de modo tão pouco recomendável. Procurando dominar-se o mais possível e sabendo estar sendo observada pela rival, replica-lhe acentuadamente:

– Se o herói já recebeu todos os prêmios, do que lhe vale minha atenção? Que posso eu mais lhe oferecer?

Para o jovem cavaleiro, um raio que lhe caísse aos pés naquele instante não lhe causaria tanta surpresa como as palavras da namorada e, no mesmo tom amoroso de sempre, acrescenta sentido:

– Helena, achas mesmo que fui culpado do ocorrido há pouco? Eis por que evitei participar dos outros torneios – explica o oficial –, para que tu nem os teus tivessem uma visão errada a meu respeito. Difícil é disciplinar-nos e muito mais aos outros.

Disfarçadamente, ela volve o olhar aonde se encontra a rival, uns olhos pretos faiscantes, como se quisessem atingi-la de algum modo, se poder para isso tivessem. E, sem pensar em mais nada a não ser retribuir de alguma maneira o ciúme sentido, prossegue mais polida:

– Muito bem, que me reservas como sobra de tua passagem pela turba incontida? Já recebeste tantos abraços e beijos que nem sei como me congratular contigo.

– Não te conhecia esse lado. Se for ciúmes, não tens razão, bem o sabes. Toda a minha vitória a ti pertence. Peço-te aceites este prêmio em penhor do amor que te dedico.

De relance ela compreende afinal que ele nunca lhe dera motivos para cenas de ciúmes, sabe do interesse e insistência da jovem viscondessa por ele e, procurando amenizar as palavras antes pronunciadas, ensaia um sorriso quando lhe diz, oferecendo-lhe os lábios para um beijo fugaz:

– Agradeço-te a bela homenagem. Crê, sinto-me desvanecida.

Se os namorados olhassem naquele exato momento para onde se encontrava Madalena, veriam quanto de veemente era o ódio a transparecer-lhe nos olhos, que antes de atingir o casal de namorados, era captado pelo barão de Valois. Ele, tão rígido de hábitos, ao ver o jovem cavaleiro abraçado pela turba não só de moças como de senhoras, tem de Carlos uma visão errada. Acompanhara disfarçadamente seus gestos e viu quando a filha oferecera os lábios para o beijo como prêmio da vitória. Muito embora, entrevendo tratar-se de um beijo rápido e simples, a filha o conhece bem e a seus costumes, só lhe permitindo tal atitude da parte de um noivo oficial. Então, se perguntava onde estivera com a cabeça quando se acomodara na expectativa de que o destino tratasse de acabar com aquele namoro inconveniente. Nunca concordará com tal casamento e não vê a hora de voltar a casa e falar o quanto antes à filha sobre a sua decisão. Contém-se por força da educação, não deixando no entanto de dizer à esposa:

– Não vejo a hora de irmos embora. Espero tão-somente que S.M. o faça. Em seguida nos retiraremos. Terei uma séria conversa com Helena.

A baronesa dirige o olhar para os namorados pouco além e, como querendo penetrar no pensamento do marido, responde-lhe:

– Seja o que for falar com nossa filha, seja prudente. Não o leve o excesso de autoridade a trazer-lhe depois arrependimentos e remorsos tardios.

Sem retrucar-lhe, o barão continua em pensamento alinhando suas providências, que a seu ver já devia ter tomado. Pelo caminho de volta ao lar, na carruagem, a carranca do barão de Valois não prenuncia nada de bom. A filha, que já o conhecia, sente a tempestade avizinhar-se e procura reunir toda a sua força para advogar a causa que julga de única e máxima importância em sua vida.

No dia seguinte é chamada ao gabinete do pai. Dirige-se a ele que, sentado atrás da mesa de escuro carvalho, demonstra pelo cenho carregado a importância da situação.

– Aqui estou, meu pai. Que desejas falar-me?

O barão, sisudo, indica-lhe uma cadeira a seu lado e, sem perda de tempo, entra no assunto que lhe toma o pensamento:

– Helena, creio não tenhas dúvidas de quanto te amo. E por muito te amar só desejo o teu bem. Digo-te que o teu namoro com esse oficial não pode continuar.

A moça, que não desconhecia o assunto que a trazia à frente do genitor, com as mãos ao colo levanta os olhos e nada responde de imediato, enquanto o pai prossegue:

– Se o permiti até aqui, foi porque se trata de rapaz respeitoso e tua mãe me fez crer ser uma companhia para teus passeios, mas com possibilidade de que no primeiro arrufo o namoro acabaria. Vejo, porém, que, ao contrário, está mais firme. Ele não é o pretendente que quero para ti.

A jovem baronesa espera que o pai termine para então intervir.

– Não te entendo pai. Se tu mesmo dizes que Carlos é de respeito, por que não queres que continuemos a nos ver?

O barão, revirando uma caneta nas mãos, esclarece:

– Porque acho que não basta o respeito. Financeiramente ele nada tem. Viste como as mulheres de todas as idades e categorias, belas e ricas, o cercam, no entanto... afastou-as todas e agarrou-se a ti, filha única herdeira de brasões e imensa fortuna. Claro que só tem a ganhar casando-se contigo.

A bela fidalga, percebendo a insinuação malévola do pai, de um salto põe-se de pé e contesta:

– Não, meu pai, não julgues Carlos um caçador de dotes. Por não conhecê-lo melhor, tu o julgas errado. Achas que durante todos esses meses de convivência eu não o teria percebido? Estás completamente enganado em teu juízo a respeito dele.

O barão acompanhara as palavras da filha com visível preocupação e, como se esperasse de antemão essa defesa, prossegue com acentuada energia:

– Noto que a estima que ele te inspirou não te deixa vê-lo por outro prisma, senão o da perfeição. A mim cabe proteger-te contra esses aventureiros. Um oficialzinho, campeão de torneios de equitação e... não sei mais o que, acostumado a ser admirado pelas mulheres, querendo casar-se com a herdeira do baronato de Valois. Não vês que nunca irei consentir em tamanha desigualdade de posições?

– Meu pai, o teu excesso de zelo leva-te a fazer um juízo errado de Carlos. Não consideras os nossos sentimentos. Digo-te que nunca te desobedecerei, embora o possa fazê-lo, mas também não esperes que outro lhe ocupe o lugar.

O pai de Helena, um tanto surpreso com a reação da filha, dá sua última palavra:

– Pois bem, como ele viaja antes de nós para Versailles, dou-te esta semana para que o ponhas a par de minha decisão. Depois, não quero saber que continuas encontrando-te com ele. Não é um pedido, é uma ordem.

Ela bem sabia o que queria dizer o pai, na ameaça velada que deixara transparecer em suas palavras. Não seria difícil ao barão transferi-lo não só para longe, como para participar da repressão a movimentos revoltosos que assolavam os diversos pontos do país. Olhando bem firme e de frente o pai, responde-lhe com evidente amargura:

– Em Versailles eu o porei a par de tua decisão, meu pai. Vou deixar que o tempo se encarregue de mostrar-te o quanto nos amamos. Espero que nada faças para prejudicá-lo.

– Muito bem. Quem sabe, com a separação, não poderão avaliar melhor o que sente um pelo outro. Obedecendo-me, tens minha palavra de que nada farei para prejudicá-lo.

– Se nada mais tens a dizer-me, peço-te licença para me retirar – conclui Helena, tentando conter as lágrimas que lhe vêm aos olhos.

Assentindo com a cabeça, o pai levanta-se e, encaminhando-se para junto dela, segura-lhe às mãos, enquanto lhe diz:

– Minha filha, só desejo o teu bem. Procura entender. Eduquei-te para que venhas a ser uma grande dama. Para isso tens não só fortuna, mas beleza e porte. Pensa bem, como poderás viver com o miserável soldo de um oficial?

Fazendo uma pausa, continua:

– A não ser que queiram que eu os sustente.

Pondo-se de pé, a jovem nada responde, pede somente licença para sair e corre a refugiar-se em seu quarto. Lá chegando, atira-se sobre o leito, debulhando-se em intenso pranto.

Nesse estado vai encontrá-la a mãe pouco depois, que tenta, com palavras carinhosas e confortadoras, reanimá-la:

– Minha filhinha, acalma-te. Não te entregues ao desespero. Devias estar preparada. Teu pai nunca escondeu as pretensões a teu respeito. Espera que o tempo o fará compreender que tua afeição não é mero capricho. Quando ele se convencer dessa verdade, verás que ele não hesitará em consentir no teu casamento.

Reprimindo o pranto, ela ouve silenciosa a mãe que, alisando-lhe os macios cabelos, a consola:

– Precisas descansar um pouco. Far-te-á bem. Tens que coordenar as idéias para informar a Carlos da decisão de teu pai. Procura convencê-lo de que é temporária essa separação, e não se esqueçam de que, nesse ínterim, vou aos poucos tentando desbastar a resistência do barão. Agora, procura te acalmar – arremata a senhora baronesa, beijando a testa da filha e saindo em seguida do quarto.

7. As Primeiras Lágrimas

Alguns dias passados do torneio, encontramos o oficial Giraud em seu quartel, preparando-se para seguir viagem a Versailes, a fim de dar continuidade aos festejos do aniversário de S.M. O guarda de prontidão vem avisá-lo de que uma jovem fidalga deseja falar-lhe, aguardando-o na saleta das visitas. Enquanto dirige-se para o local, o oficial pensa que outra não pode ser senão Madalena, mas acha deveras surpreendente que, depois da cena de domingo último no torneio, ela tenha coragem de vir procurá-lo. Ao penetrar na sala, vendo confirmado suas suspeitas, não consegue dominar sua irritação, ao ponto de nem ao menos cumprimentá-la, interpelando-a bruscamente:

– Informaram-me que a senhorita deseja falar-me. Penso tratar-se de engano, pois nada temos a dizer-nos.

Não passa despercebido à jovem viscondessa o tom áspero do oficial, no entanto, fazendo-se desentendida acrescenta melíflua:

– Ainda não tive oportunidade de apresentar-te minhas felicitações pela vitória que conquistaste. Apressei-me em vir hoje, antes que partas para Versailles.

– Pelo visto, a senhorita é fraca de memória, para não se lembrar que foi uma das muitas a abraçar-me impedindo-me a passagem.

A moça compreende o quanto se torna difícil penetrar naquele coração e suplantar a figura de Helena de Valois. Amenizando ainda mais a voz, objeta em seu favor:

– Eu... desejava ver-te e falar-te a sós, Carlos... Não sabes do que serei capaz de fazer para agradar-te... para ao menos... possuir tua amizade. Vejo que Helena de Valois dominou-te todos os sentidos, que nem uma simples amizade aceitas.

A palestra desenrolava-se ambos de pé, pois o jovem militar, não ocultando o enfado que a presença da moça lhe causava, nem se preocupa com as regras da boa educação, convidando-a a sentar-se Desejoso de ver-se livre o quanto antes, responde-lhe incontinenti:

– Na verdade amo-a e sinto que sou amado pela senhorita de Valois, porém, ela nada tem a ver com minhas amizades. Estas eu as escolho e de quem me convém. Peço-te desculpas, tenho muito que fazer antes de viajar – conclui o rapaz impaciente.

– Só um momento, senhor... oficial – replica-lhe Madalena, demonstrando contrariedade. – Sinto em tuas palavras que se tivesses poder eu nem entraria mais aqui, não é verdade?

– Se é a senhorita quem o diz, dou-te meus parabéns. Conheces-me melhor do que supunha.

Uma bofetada não teria surtido maior efeito, como se todos os seus sentimentos em tumulto lhe subissem ao rosto naquele momento, tornando-o congestionado, os olhos esgazeados, as narinas abriam-se continuamente impedindo-a de raciocínio imediato. Via-se humilhada, com o orgulho ferido, repelida por quem não lhe merecia o mínimo de atenção. Sem mais nada a dizer, dirigindo-lhe um olhar em que não escondia o vulcão que lhe corroía o íntimo, ela dá um puxão grotesco na capa que vestia, vira-lhe as costas e sai quase correndo. Naquele instante, se o oficial lhe pudesse ver os pensamentos por certo sentiria medo, pelo ódio mais descontrolado e vingativo que ela alimentava...

Só se daria por satisfeita quando o visse rastejando a seus pés, tendo pago toda a humilhação e afronta sofridas.

É sabido que com certas pessoas, se não as temos como amigas, não devemos querê-las como inimigas. A viscondessa Madalena de Saint Moritz era uma dessas...

Os irmãos saíram juntos de casa. Enquanto Madalena havia ido procurar Carlos, o jovem visconde, depois de verificar que o barão de Valois ainda não havia chegado ao seu gabinete, posta-se no lugar em que ele forçosamente teria de passar. Pouco teve de esperar. Ao vê-lo, encaminha-se para o pai de Helena, demonstrando ar de pura casualidade:

– Bom dia, senhor barão, eu o saúdo. Como vai?

O nobre Henrique de Valois, entre surpreso e apressado, responde-lhe com outra pergunta:

– Ah!... é o visconde Marcelo. Como vais, meu rapaz? Não segues com os demais para Versailles?

– Não, senhor barão, por favor de S.M. irei junto com a família, amanhã.

– Ah! Muito bem. Deixo-te, pois tenho pressa – expressa-se de pronto o fidalgo.

– Só uma pergunta, senhor barão. Perdoe-me a indiscrição, mas é verdade que a senhorita Helena já se considera noiva do oficial Giraud?

O impacto sentido pela pergunta faz com que o barão de Valois olhe firmemente para o irmão de Madalena e responda com denodada arrogância:

– Se foi o ocorrido de domingo último que o levou a tal conjetura, digo-lhe que justamente acabo de proibir minha filha de continuar a encontrar-se com esse rapaz.

– Mas... que me diz, senhor barão! – continua Marcelo, demonstrando surpresa.

– É a verdade. Apenas dei-lhe esta semana de prazo, em vista da viagem para Versailles.

– Nesse caso – prossegue o rapaz, com ar esperançoso –, permita-me visitá-lo qualquer dia desses, pois não escondo que admiro profundamente a senhorita de Valois.

– Claro, meu jovem, quando quiseres. Será um prazer receber-te – conclui o barão, dando-se pressa em despedir-se.

Um ar de visível alegria estampa-se no rosto do colega de farda de Carlos que, ansioso, espera o regresso da irmã. Avistando-a, nota-lhe a desfiguração do rosto e apressa-se em perguntar-lhe:

– Que houve, mana? Vejo-te tão transtornada...

A irmã, com o rosto desfigurado pela raiva, responde-lhe:

– Nunca me vi tão humilhada como há pouco por esse oficialzinho. Mas, digo-te: não me chame eu Madalena de Saint Moritz como ele há de pagar-me bem caro.

– Contém-te, minha cara irmã, tenho boas notícias para ti. Acabo de conversar com o barão de Valois e, torcendo a conversa ao meu modo, soube que proibiu a filha de continuar o namoro com Giraud. Durou pouco o triunfo de domingo...

A notícia tem o poder de abrandar o gênio impulsivo da jovem; encara o irmão e, como não acreditando em suas palavras, refuta incrédula:

– Nem te acredito. Se é uma das tuas brincadeiras, digo-te que é de muito mau gosto e em péssima hora.

– Não, podes crer. Dou-te a minha palavra de honra.

Em tom de mofa, complementa com um sorriso discreto:

– Não sei o que tem Giraud para agradar tanto as mulheres. Agora, preciso deixar-te, desde domingo não vou ao quartel.

Como antevendo o sabor da vitória, com esfuziante demonstração de antecipado triunfo, Madalena replica mais para si, num riso irônico: "Enfim, Carlos Giraud, te mostrarei quem sou e o quanto pode Madalena de Saint Moritz. Terás que escolher em ser meu amigo ou inimigo, e garanto-te que não perderás nem como um ou outro."

Os Valois, como a maioria dos nobres, possuíam residência em Versailles. Chegam no meio da semana e, no mesmo dia, segundo combinado anteriormente, os namorados se encontram, nas últimas horas da tarde, ao cair do crepúsculo. O frio vigente, em virtude da estação invernosa, mostrava-se nesse dia menos rigoroso; não obstante a escassez de nuvens no céu, elas avolumavam-se densas, escuras, sobre a vida sentimental dos dois namorados. De pé junto a uma amurada, o casal conversa e aborda os últimos acontecimentos, a fim de analisá-los e tentar remediá-los da melhor maneira possível.

A jovem baronesa não consegue esconder a tristeza e procura concentrar toda a sua coragem para pôr o namorado a par da decisão do pai. O rapaz, ao ver-lhe o semblante abatido, indaga sem mais delongas:

– Vejo-te tão abatida. Que houve, Helena?

– Não sei como comunicar-te, mas papai proibiu nosso namoro – responde-lhe ela de um sopro.

O jovem oficial, que desde há muito aguardava essa notícia, prevenido que fora por alguns conhecidos, ao recebê-la não esconde sua revolta:

– É... pela falta de brasões e... de fortuna que vejo nosso namoro vetado?!...

Sem responder-lhe, Helena contínua dando a impressão de confirmar a pergunta:

– Carlos, como tu, também sofro, mas não posso desobedecer-lhe. Não só pela obediência filial, mas sobretudo por tua causa. Não creio venha a te fazer mal, mas poderá transferir-te ou criar dificuldades em tua carreira, que começou há pouco.

Não sabendo de pronto o que fazer, ele não deixa de dar razão à sensata jovem, ciente de que o destino dos que contrariam os nobres é o desterro ou a morte nos calabouços do próprio palácio. Mesmo assim, angustiado, tenta argumentar com ela sobre o futuro de ambos:

– Querida, dou-te razão pela prudência nos atos, mas achas que posso ficar de braços cruzados?... Vou falar com teu pai, custe o que custar.

Ela, não menos aflita, sabe que precisa encontrar as palavras certas para convencê-lo a esperar com calma:

– Carlos... peço-te, pelo amor que me tens, que nada faças por ora. Deixa que eu e mamãe, que é nossa aliada, aos poucos possamos convencê-lo de que nosso amor é sincero. Se de todo não o conseguirmos, falarei com meu confessor para que nos case à revelia de papai.

Ele queda-se pensativo. Olhando-a nos olhos, segura-lhe as mãos e replica, sem conseguir esconder a amargura que lhe vai no íntimo:

– Helena amada, preciso crer sobremodo que me amas o bastante e que nem os nobres, nem os da preferência de teu pai interferirão em teus sentimentos a meu respeito.

A moça, pressentindo o quanto se faz necessário transmitir-lhe toda a confiança em seu amor, não vacila e passa-lhe os braços em volta, reclina a cabeça em seu peito, externa toda a sua ternura e diz-lhe:

– Oh, Carlos... como podes duvidar de quanto te amo... acaso não o sentes, se já nem de mim mesma consigo esconder esse amor...?

As últimas palavras da jovem deram acesso a que o par amoroso as coroasse com um beijo terno de todos os enamorados. Voltariam a ver-se no baile que julgavam seria o último, mas, por algum tempo, depois que o barão concordasse no casamento, teriam o resto da vida para ir a muitos outros. No entanto, como não se pode prever o futuro, os namorados não sabiam que aquele seria de fato o último baile deles.

No exato momento em que a carruagem do barão de Valois pára na entrada principal do palácio, enquanto um dos guardas se adianta para abrir a portinhola, Marcelo de Saint Moritz aproxima-se rápido com a intenção de ajudar seus ocupantes a descerem.

Depois das últimas notícias de que ficara sabendo pelo barão, o irmão de Madalena mostra-se atrevido em cortejar Helena, tanto mais que sabe ser um pretendente à altura das exigências de seu pai. Ela, por sua vez, de intuição aguçada, não se deixa envolver pelas exageradas atenções e logo ao se encaminharem para a entrada dirige-se ao visconde, fazendo-o sentir a firmeza de sua decisão:

– Visconde Marcelo, sou-lhe grata pela atenção dispensada; peço-lhe licença, pois, conforme palavra de papai, ainda mantenho compromisso com o oficial Giraud.

Ao sentir-se em segundo plano por um mero oficial, o jovem visconde força um sorriso de complacência, que está longe de sentir, e responde:

– Espero, contudo, que a baronesa Helena me reserve ao menos uma dança, como testemunho da amizade que lhe dedico.

O barão ao ouvir a conversa, vem em socorro de Marcelo, admoestando a filha:

– Não vejo o que te impede retribuir a gentileza do nobre Marcelo, dançando com ele. A minha palavra não deve fazer-te esquecer as atenções a um cavalheiro como o visconde.

Ela, que já vira o namorado a pouca distância, procura de toda maneira evitar contenda e responde como requer a situação:

– Se é tão importante ao visconde Marcelo uma dança comigo, irei à sua procura dentro em pouco no salão.

Sem dar tempo a resposta, vai ao encontro de Carlos que, fazendo um esforço sobre-humano para conter-se, a espera a poucos passos impaciente e nervoso, já que ouvira toda a conversa. Após beijar-lhe a mão, desabafa:

– Não sei se vou poder conter-me como te prometi. Sei que um de nós dois é demais, eu ou Marcelo. Ele, como nobre, sairá vencedor por certo. Impossível agüentar vê-lo cortejando-te, quando na verdade sabe de nosso namoro...

Vão andando e refugiam-se no jardim de inverno que, acolhedor pela estação de frio, permitia ao casal de namorados conversarem mais à vontade. Mantendo-se calada, Helena fita-o, deixando transparecer o medo que as palavras do oficial lhe causara, e acrescenta:

– Não há necessidade de bater-te em duelo. Se não confias em mim, não me amas como julgava. Eu sei o quanto Madalena te ama e tudo faz para possuir teu amor, no entanto, como confio em ti, nunca me verás altercando com ela.

– Helena, querida, procura entender-me – interrompe ele, demonstrando inquietação. – Agora, com a proibição de ver-nos, Marcelo vai cercar-te por todos os lados de atenções e, com o assentimento de teu pai, pode até pedir-te em casamento. Helena... Helena... sofro horrivelmente só em pensar – conclui o militar.

A jovem baronesa, semblante alquebrado, mira-o ainda uma vez e balbucia como a infundir ao namorado calma e confiança:

– Carlos, acalma-te. Nenhum outro haverá para mim. Amo-te e, se me deixares de amar, saberei respeitar tua vontade, mas o amor que te devoto é desses que só se sente uma vez. Não poderei nunca transferi-lo a outra pessoa – finaliza ela emocionada.

Compreendendo ser difícil justificar-se com o namorado a fim de cumprir a promessa feita ao visconde Marcelo, Helena prefere arcar com as conseqüências junto ao pai, caso o rapaz venha a queixar-se. Vez por outra vão ao salão dançar, mas preferem conversar na estufa ou na saleta circunvizinha ao salão, tecendo planos sobre o futuro. Fica estabelecido que, tão logo seja possível, a moça valer-se-á de

Ana, ama de sua confiança, para troca de correspondência. No momento só têm que confiar na fé em Deus e em seu amor, que lhes exige tenacidade profunda, para poderem ultrapassar todos os obstáculos. Notando avizinhar-se a hora de ir embora, a jovem reúne toda a sua coragem, tentando aparentar a calma que está longe de sentir. Sabe que ficarão vários meses sem se verem. Os pensamentos mais desencontrados chocam-se contra as determinações projetadas anteriormente.

No abraço que dá como se tentasse trazer parte da criatura amada, não consegue conter-se e recomenda com acentuada amargura:

– Carlos, querido... cuida-te. Não te deixes arrastar por amizades falsas. Se o preço para sermos felizes é esta separação, não duvides em momento algum de quanto te amo.

As palavras saem trôpegas, arrastadas, evidenciando o esforço inaudito que faz para não chorar. Beija-o delicadamente nos lábios e diz, mais parecendo um sussurro:

– Pensa... em mim... sempre que puderes, sobretudo na hora do Ângelus. Nossos pensamentos se encontrarão. Amo-te, amo-te muito – termina a jovem, desvencilhando-se e saindo quase a correr.

Profundamente emocionado, o oficial não tem tempo de retê-la para acrescentar-lhe alguma recomendação. E do desalento de que é acometido, um suspiro angustiado sai-lhe do peito para, desde aquele instante, insinuar-se uma tristeza amargurada, pressentindo já uma saudade daquela que lhe preenche todos os sonhos. Helena é tudo o que almeja e representa mais do que a sua própria vida.

"Helena, minha querida, quando tornarei a ver-te?..."

Em passos lentos, reúne-se à família que o esperava e, em carruagem alugada, dirigem-se ao hotel em que se hospedavam.

8. Respingos de Saudade

De volta a Paris, são passadas as primeiras semanas sem que os namorados se vejam ou recebam alguma notícia. Sabendo da vigilância de que é cercada, a jovem baronesa curva-se às exigências do pai, para aos poucos fazê-lo sentir a inutilidade de seus recursos. Nesta tarde vão receber a visita do jovem visconde Marcelo de Saint Moritz. Inteirada da hora aprazada em que deve comparecer, poucos minutos após a chegada do irmão de Madalena ela dá entrada no salão de recepção ricamente mobiliado.

Ao vê-la aproximar-se, o rapaz vai ao seu encontro, ofertando-lhe uma caixa contendo bela orquídea e acrescentando:

– Senhorita Helena, alegrar-me-á muitíssimo se aceitar minha amizade. Espero um dia poder considerar-me mais que um simples amigo.

Obediente aos pais como sempre fora, ela não vê nenhum mal em participar da visita que Marcelo lhes faz, no entanto, deve tirar-lhe toda a ilusão à perspectiva de maiores intimidades no futuro. Assim, replica-lhe:

– Os amigos de meus pais o são meus também. Somente, visconde Marcelo, não vejo nenhuma outra possibilidade de sermos mais que amigos. Agradeço-lhe a bela orquídea.

Compreendendo a alusão, o rapaz nada contesta. Espera que com o passar do tempo e amiudando as visitas possa em outra oportunidade dar nova investida, uma vez que conta com o apoio do barão de Valois.

Para o oficial Carlos Giraud, aquele silêncio de notícias o deixa deveras nervoso. Momentos há em que tem vontade de procurar a namorada e propor-lhe que se casem de qualquer maneira, todavia, sabe-o bem que, se assim proceder, não terá mais que um minuto de vida. Com a idéia fixa nos problemas por que passa, às vezes distrai-se no trabalho, porém, em seu quarto, dá vazão aos mais desencontrados pensamentos e termina sempre escrevendo cartas amorosas ou versos que pretende enviar à amada na primeira oportunidade. Assim os dias se sucedem...

Nesse ínterim, o jovem visconde estreita cada vez mais as visitas ao palácio dos Valois. No intuito de desforrar-se do colega pelas humilhações feitas à irmã, passa a comentar o fato com diversos outros colegas de farda. Embora muitos não lhe apoiem o ato, por sua categoria o toleram, dando-lhe ouvidos. Ao inteirar-se da ação de Marcelo, Carlos não resiste e corre ao gabinete onde o pai de Helena trabalha. Obedecendo ao protocolo de anunciar-se antes a pessoa, quando o guarda lhe pronuncia o nome, o ofical ouve, pela porta entreaberta, a voz do barão a recusar-lhe a entrevista:

– Não tenho nada a tratar com esse oficial. Proíbo-lhe a entrada aqui – ordena resoluto.

Não se contendo, ao ouvir-lhe as últimas palavras, Carlos empurra de supetão a porta e invade a sala, ao mesmo tempo em que fala fora de si:

– Senhor barão, não sei como pode sentir-se tão inseguro de consciência fazendo o que fez com os sentimentos de sua filha, já que se julga tão religioso.

Dando o alarme, o barão de imediato chama por outros guardas e brada furioso:

– Fora com esse atrevido! Pela audácia de invadir-me a sala e de interpelar-me, trinta dias de prisão! Avisem a seu superior!

Recolhido de imediato à prisão como um malfeitor comum, o oficial dá-se conta do que poderá acontecer-lhe se tentar alguns dos atos que tinha em mente. O altíssimo prestígio do barão e sua autoridade estavam à altura de mandar prender um oficial da Guarda Real.

Como toda notícia nova é imediatamente divulgada, muito mais o são as de má ocorrência. Em poucas horas já toda Paris sabe da prisão do impetuoso militar.

Seus pais, angustiados, procuram pessoas influentes, inclusive seu padrinho, sem contudo conseguir soltá-lo, diante da desculpa de que para o bem da disciplina terá que ser punido. A própria Helena, ao tomar conhecimento do ocorrido, apressa-se em pedir ao pai clemência, no entanto, alegando que assim sua palavra cai em descrédito, ele nada faz. Em certo ponto, as pessoas que tentam interferir, como seu padrinho, deparam com uma ordem da cúpula vinculada à viscondessa Madalena de Saint Moritz. Valendo-se da influência que desfrutam seus pais junto à intimidade real, Madalena aproveita para, enfim, tirar partido da situação.

Ao introduzir-se a chave na fechadura da cela, Carlos levanta-se do enxergão em que dormira. O guarda, com ar de pouca cerimônia, chama-o com displicência:

– Vamos daí. Há uma importante visita a esperar-te lá em cima.

Indo à frente o interlocutor, o oficial o segue e, talvez devido às poucas esperanças que nutre de ver-se solto, não lhe causa grande surpresa ao reconhecer na jovem viscondessa a visita anunciada. Barbado, roupas sujas, emagrecido, pálido, nada lhe resta que o faça, mesmo que queira, impor-se à mínima parcela de orgulho e desdenhar a graça que a moça lhe concede. Curva-se respeitoso e espera que ela fale primeiro.

– Vês a que teu romance levou-te? Quantas vezes me repudiaste como amiga. Hoje venho oferecer-te mais uma vez esta amizade.

O oficial admite não lhe ser possível continuar com o mesmo orgulho e esquivas de antes. Compreende que muito embora ame Helena de Valois, não pode contar com ela em certas ocasiões, principalmente quando, por uma questão de vingança, o pai o fere e é o primeiro a interpor-se entre eles. Respira fundo o ar fresco e, tentando coordenar as idéias, responde com acentuada melancolia:

– Agradeço-te, viscondessa Madalena, a gentileza de ocupar-se de minha pessoa. Crê que dificilmente me esquecerei desse favor. Praza aos céus possa surgir oportunidade de retribuí-lo.

A moça, sabendo-o enfraquecido pelas vicissitudes da prisão, termina a conversa arrematando:

– Agora deves procurar refazer-te o quanto antes. De passagem te deixarei em teu domicílio. Em outra ocasião conversaremos melhor. Se me permites irei visitar-te amanhã.

Estendendo-lhe um papel do tamanho de uma carta, com o sinete real, ajunta:

– De S.M. aqui tens a ordem de soltura e licença de trinta dias para recuperar-te – finaliza a fidalga, dirigindo-se à carruagem que os espera no pátio.

Entrementes, impotente para fazer alguma coisa pelo namorado, a jovem baronesa sofre intensamente; roga ao pai e ele não lhe esconde ser sua interferência nula, diante de uma outra ordem muito mais poderosa, não permitindo soltar o rapaz de imediato. Todavia, como era de se esperar, em breve corre célere a notícia de que fora a viscondessa Madalena quem o soltara. De um lado Marcelo, em suas contínuas visitas, tenta conquistar Helena; por outro lado, Madalena, com um grande trunfo nas mãos, quase que diariamente visita os Girauds. Nessas ocasiões, procura ela mostrar-se dócil e, no jardim bem cuidado ou na elegante saleta, quando em palestra, discorre sobre assuntos que bem comprovam sua elevada cultura. Busca assim firmar-se por todos os meios como amiga do oficial. Aos poucos vai-se infiltrando e desbastando a resistência dele, ao ponto de, com palavras animadoras, fazê-lo sair da apatia a que se prostrara em vista dos últimos acontecimentos, fazendo-o crer que uma simples e fecunda amizade é o motivo que a faz agir assim.

Procurando captar toda a confiança do incauto militar, Madalena consegue, valendo-se do irmão, enviar carta para Helena. Por seu turno, Marcelo, ao sentir-se tão tocado pela simpatia e meiguice da jovem baronesa, em uma das vezes em que estão a sós no jardim, realizando o ensejo procurado por ele, dirige-se a ela com demonstrada sinceridade:

– Senhorita Helena, não posso deixar de invejar Carlos Giraud por possuir seu amor e, em testemunho da amizade que lhe ofereço, prontifico-me a levar-lhe alguma notícia sua.

Surpresa, a moça não sabe se deve ou não aceitar, porém, como o visconde ratifica-lhe o oferecimento, fica combinado que na próxima visita lhe será entregue uma carta.

As cartas da namorada, que com discretos intervalos vem recebendo, fazem Carlos reanimar-se e, como é sempre uma alegria renovada quando temos ensejo de falarmos da pessoa amada, o rapaz acostuma-

-se à companhia de Madalena, não só por ser a intermediária das cartas, como por ouvir dela os desabafos que o deixam mais confortado.

Mesmo recebendo da parte de Madalena inúmeras demonstrações de amizade, o oficial não a procura como a seu desejo. Receia ser mal interpretado e que sentimentos outros possam tomar vulto, causando danos imprevistos à amizade surgida recentemente. Todavia, a moça não passa nenhum dia sem vê-lo, o que a princípio servia-lhe de tônico reanimador. A assiduidade constante, porém, passa a causar-lhe certo enfado por não dispor, fora do trabalho, de tempo disponível em que a jovem viscondessa não esteja presente. Arranja tantas quantas desculpas se façam necessárias, principalmente com a alegação de que, sendo vistos juntos, servirá de despistamento para o barão de Valois.

Os meses vão se passando. A primavera que surge com seus raios tênues de sol oferece nova disposição a passeios os mais diversos. Numa tarde, o par de amigos dispusera-se a assistir a um torneio hípico, esporte agradável aos dois. Terminada a competição, resolvem cear nas proximidades, dirigindo-se a um luxuoso restaurante. Sentam-se em lugar discreto e, enquanto Carlos lê o cardápio, sua acompanhante observa-o desejosa de captar todo o fascínio que da bela figura do oficial emana. Sente como nunca que o ama intensamente e tudo quer fazer para despertar-lhe o mínimo que fosse de amor. "Ah! se pudesse ofuscar ou apagar para sempre a imagem de Helena de Valois!" Esses pensamentos são interrompidos pela pergunta do jovem oficial:

– Que desejas, Madalena?

Porém, ao olhá-la, nota a admiração que se escapa à vista.

– Pensava – tartamudeia a moça – que, apesar de sermos amigos, nunca me fizeste uma poesia.

– Por isso te vejo tão pensativa? – indaga o rapaz, esboçando ligeiro sorriso. – Não sou poeta, apenas rabisco algumas frases que os amigos bondosos acolhem.

– E as que fazes para Helena? – refuta a jovem, deixando transparecer uma ponta de ciúme. – Gostaria de tê-las, devem ser belas...

Demonstrando não lhe ter percebido as insinuações, Carlos chama o garçom, pede-lhe papel, pena e tinteiro e, enquanto espera serem servidos, dirige-se à jovem amiga cordialmente:

– Tentarei fazer os versos que me pedes, no entanto, adianto-te, são como eu: pobres e modestos.

Queda-se pensativo por instantes alinhavando em pensamento o esboço da poesia. Depois, aos poucos vai escrevendo, olha a moça calada, lê e relê o que escreveu, retoca alguns pontos, finalmente estende a folha de papel. Ela, ao ler, empenha toda a sua atenção:

Um perfil

Não reconheço em ti a frívola de outrora,
Da que fora inconstante e desleal Madalena;
E, hoje, se nos parece altiva e mais serena,
É compreensiva amiga esta que tenho agora...

Alegro-me saber o quanto te fui útil
Neste amor que tão bem burilou-te o perfil;
Cinzelando-te a face um ar meigo e gentil,
Teu íntimo te torna afável, menos fútil...

Não te arrependas nunca a mim teres amado,
Muito embora escolhido o seja alguém errado
Que não te poderá jamais retribuir...

De tudo o que nos resta há sempre uma certeza:
O nosso amor encerra alegria e beleza,
Porque o damos em troca e sem nada pedir!...

Como que penetrando na profunda mensagem dos dois últimos tercetos, Madalena, cabisbaixa, mantém-se tal estivesse analisando o todo da poesia. O oficial de vez em quando lhe dirige o olhar e, notando tempo demasiado para a leitura, interroga cortês:

– Não saiu a seu gosto?... Vejo-te tão pensativa e distante...

Vagarosamente, não escondendo a impressão que a composição lhe causara, a jovem procura-o com o olhar e responde-lhe:

– Embora... não me reserve nenhum vestígio de esperança, é, como o autor, simples, bela e profunda.

Depois da ceia, em carruagem alugada seguem destino à imponente residência dos Saint Moritz. Sempre que viajam de carruagem, Carlos senta-se no assento à sua frente. Ardilosa, dessa vez Madalena não hesita em pôr em prática o plano elaborado. Em dado momento passa para o outro lado, onde se encontra o oficial, abre a bolsa e a remexe como se procurasse algo, ajuntando como desculpa:

– Imagina, ia esquecendo-me de mostrar-te um anel que pretendo comprar. Gostaria antes de ouvir tua opinião.

Vira-se de lado para o rapaz que, distraído, observando-a na procura do objeto, é apanhado de surpresa, sem tempo de impedir-lhe o gesto inesperado. Sente os braços da moça enrodilharem-se em seu pescoço e a boca, ávida de encontrar a sua, demonstra a ânsia desesperada de que é possuída. O beijo fugaz não demorou mais do que segundos, no entanto, o rapaz, compreendendo em que ponto estão os sentimentos da jovem viscondessa a seu respeito, não se esquecendo dos favores que lhe deve, acentua polido, mas categórico:

– Aqui, viscondessa, termina nossa amizade. Por certo o errado fui eu, não devia nem ter aceito teus favores, muito menos acreditar em uma amizade sincera e desinteressada que a senhorita está longe de sentir.

A moça, que baixara a cabeça, fremente de emoção levanta-a no auge do desespero. Encarando-o, segura-lhe as mãos e pede-lhe suplicante:

– Por Deus, Carlos, perdoa-me. Não vês que queria guardar de ti esta recordação? Outra, por certo, te terá um dia e a todo teu amor. Eu... por mais que me esforce – continua ela entre soluços – não consigo deixar de amar-te. Só terei de ti uma poesia e esta lembrança.

– Lamento sinceramente – replica-lhe ele mais brando – ser a causa involuntária de teu sofrimento. Para o teu próprio bem, afastar-me-ei de ti.

Notando que haviam chegado ao destino, o militar acrescenta por fim:

– Chegamos. Convém desceres – finaliza, descendo por sua vez para ajudá-la, não esperando resposta.

Em vão tenta penalizá-lo e fazê-lo sentir que ali não está a viscondessa nem a Madalena prepotente e fútil de outrora, que tantas vezes brincara com os sentimentos dos outros, mas sim, curvada pelo amor não correspondido, uma mulher de nobre estirpe, que a tudo renunciaria para possuir, por um dia, uma hora somente, o amor daquele que doravante nem como amigo lhe resta.

Antes de despedir-se e encaminhar-se para o suntuoso palácio, olha-o séria, chorosa e, mais parecendo um sussurro entrecortado de soluços, num desabafo angustiante murmura de uma só vez:

– Carlos... não sabes o que é amar e não ser amada. Por isso és tão rigoroso comigo. Só quando estiveres na minha situação poderás compreender todo o meu sofrimento...

Em passos lentos encaminha-se para a entrada principal. Ao atravessar o vasto jardim, tenta refazer-se e com o fino lenço de cambraia apaga os vestígios das lágrimas recentes, para então entrar; não sem antes lançar um último olhar à carruagem que se distancia com quem é a causa direta de todo o seu sofrimento...

Para a jovem baronesa de Valois, os meses também passaram, muito embora sinta os dias arrastarem-se penosamente. Vez por outra vai à quinta na tentativa de vê-los correrem mais rápido, pois a seu ver são como nunca monótonos e tristes. As visitas do visconde Marcelo diminuem consideravelmente. Percebendo ser impossível penetrar no coração da jovem, satisfaz-se tão-somente em ser seu amigo. Mesmo assim, notando-lhe nos atos e palavras a postura e a sinceridade, Helena abstém-se de aceitar seus convites para passeios ou concertos, com delicada obstinação; aliando-se sempre a uma desculpa, recusa-os terminantemente.

Assim, a troca de correspondência passa a ser feita através de Ana, ama da jovem, mesmo porque já se observa menos rigor nas determinações do barão, não só pelos conselhos do confessor da filha que lhe defende a causa, como pela senhora baronesa que, na maioria das vezes, ao conversar com o marido, torce o assunto para expor o seu atual desencanto, chamando-lhe a atenção com brandura:

– Não acredito que o senhor barão não note as profundas olheiras de nossa filha e o desânimo que a abateu por curvar-se às suas exigências. Eu mesma me pergunto se o senhor de fato a ama ou se vê nela um instrumento para sua vaidade paterna.

Em resposta, o pai de Helena procura justificar-se valendo-se de seus pontos de vistas anteriores; no entanto, pressentindo que nunca conseguirá a união da filha com o visconde Marcelo de Saint Moritz, mostra-se menos arrogante em seus propósitos e condói-se dela que, aceitando o exílio natural que lhe impusera, não expressa nenhuma queixa, preferindo apenas estar só. Algumas vezes passeia pelo jardim melancólica e triste; outras vezes, fecha-se em seu quarto. Até o piano, uma das suas distrações preferidas, é relegado a segundo plano.

Nessa tarde de brisa leve e ameno sol, vemos Helena despedir-se da mãe e embarcar em uma charrete na companhia da ama, dirigindo-se a um ponto antecipadamente marcado. É que, informada por Marcelo do dia de folga do namorado, com o consentimento da mãe haviam combinado encontro através das cartas.

Tomada de febril ansiedade, antecipa-se em muitos minutos da hora marcada. Desce da condução e a pé atinge o local acertado. A impaciência e o nervosismo de que é acometida dizem bem da importância da pessoa esperada.

Chegando até às proximidades da quinta, Carlos aluga uma charrete para levá-lo ao local do encontro. Ao avistar a namorada, acelera o cavalo e salta sem mesmo dar tempo a que o veículo pare de todo; daí ao abraço que o une à criatura amada é questão de instantes. A troca de carinho é instintiva e simultânea...

Quem de verdade pode avaliar e pesar a extensão de um amor contido, quando consegue dar vazão a toda a sua capacidade de amar? A saudade causada pela separação dos muitos meses faz-lhes sentir em que ponto e com que força se amam.

Passados os primeiros momentos de efusão recíproca, o jovem oficial é quem fala, beijando as mãos da jovem e demonstrando ainda a emoção que lhe invade o ser:

– Helena, Helena querida... Quão dolorosos foram esses meses sem ver-te. Estás bem?

De mãos dadas procuram um lugar para sentar, enquanto ela lhe responde em poucas palavras:

– Oh, Carlos... pensei que nunca mais te veria...

Reservada como sempre foi, sentia em profundidade a emoção do reencontro. As lágrimas que a custo retinha teimavam em descer, nublando-lhe os belos olhos azuis. A palidez de seu rosto e o nervosismo das mãos atestavam bem a intensidade daquele amor reprimido, que a ausência do ente amado só fizera aumentar.

Sentam-se, por fim, em um pedaço de tronco ali deposto para esse fim e Carlos prossegue, tendo entre as suas as mãos da moça:

– Também eu, amor. Tantos os empecilhos a separar-nos...

Apesar da presença do rapaz, Helena continua triste, demonstrando uma preocupação pertinaz a lhe motivar a serenidade do semblante e o divagar do olhar. Olhando-o mais fixamente, pergunta-lhe, dando a impressão de que deseja libertar-se de incômoda preocupação:

– Carlos, tens certeza de que tua amizade com Madalena de Saint Moritz não te acarretará sérios imprevistos? Marcelo falou-me de como a transformaste, não escondendo o quanto te ama.

– Querida, compreendo teus temores e dou-te toda a razão – responde o oficial recordando os últimos incidentes com a jovem viscondessa. – Aquieta, porém, o teu coração, pois no dia feliz em que te conheci entreguei-te tudo de meu: vida, alma, amor... Desanuvia teu pensamento. Só a ti poderei amar. Quero ver-te agora sorrir, meiga criança.

Uma terna carícia acompanha as últimas palavras do rapaz. É como se elas tivessem o poder de tranqüilizá-la. A jovem deixa então que seu sorriso lhe venha ao rosto e articula, mais otimista:

– Carlos, nutro grande esperança a nosso respeito. Papai ficou de, em Paris, pensar em nosso caso. Aguarda notícias. Eu te informarei por carta.

Ao chegar a hora da despedida, o par de namorados ultima as recomendações, sentindo o quanto lhes custa a separação. Desejosos de deixar algo de si na lembrança de cada um, desta feita é o oficial quem lhe diz em terno colóquio:

– Amada, não te esqueças de mim...

Num esforço supremo para não chorar, ela retribui-lhe o beijo, dirigindo-se em seguida para a charrete que a espera pouco adiante.

Depois daquele imprevisto da carruagem, Carlos evita por todos os meios encontrar-se com a jovem viscondessa, lembrando-se das preocupações da namorada quando da última entrevista. Para isso, não hesita em tirar serviços de colegas, de maneira que as desculpas tenham base forte ao recusar-lhe os convites. A princípio, Madalena tenta conformar-se, mas, com o passar dos dias, volta à carga, sendo que, algumas vezes, não conseguindo demovê-lo de sua obstinação, chega ao ponto de ameaçá-lo. Compreende ser impossível conquistar-lhe o amor; porém, não se rende. E, aproveitando do prestígio que desfruta junto à corte, passa a assediá-lo no trabalho, conseguindo-lhe dispensas que o jovem oficial muito a contragosto aceita. Embora sinta que o mais viável é afastar-se aos poucos, Carlos recrimina-lhe os atos severamente:

– Madalena, queres acabar com o que resta de nossa amizade! Sabes por que te evito. Por favor, não tornes a usar desses ardis comigo. Não sou homem de curvar-me a caprichos tolos.

Nessas ocasiões, um riso de momentâneo triunfo brinca-lhe nos lábios. Dá-lhe o braço e seguem em direção à carruagem, estacionada adiante, acrescentando indolente:

– Se não me procuras, venho eu procurar-te. Não me dou por vencida facilmente. A propósito – continua a jovem viscondessa, ao tomarem assento na carruagem –, por onde andaste no dia de tua última folga? Procurei-te em todos os lugares possíveis e imaginários e não te achei.

– Mamãe falou-me de tua visita. Andei por aí, alhures... sem destino certo – responde-lhe o oficial evasivamente.

– Pensas que não tenho bons informantes? Foste ver Helena, não é verdade? – desabafa a moça, deixando transparecer o quanto lhe desagradara a notícia.

– Se o sabes, por que me perguntas?

– Ah! confirmas então. Sei... sei... Quer dizer que é verdade que o barão de Valois começa a ceder com pena da filha – objeta irônica, recordando-se do que conseguira saber através do irmão.

O jovem militar, circunspeto, procura mudar de assunto, não dando tempo à moça de prosseguir:

– Digo-te que é a última vez que deixo meus afazeres para te acompanhar.

Percebendo que não alcança seu objetivo, muda de tática:

– Muito bem... agora não precisas mais de mim. Relegas-me ao abandono e voltas feliz e sorridente à querida noivinha...

– Madalena, sê sensata. Estás dizendo tolices. Nunca te alimentei outro sentimento exceto o de pura e sincera amizade. Sabes que no coração não se manda, e o meu não me pertence, desde que à Helena de Valois o entreguei.

Com as últimas palavras do rapaz, um surdo tumulto a invade. Depreende nada ter conseguido, embora estando junto dele tantos meses e a rival afastada. A veemência com que ele falara, o seu tom apaixonado mais a fere e estigmatiza. Acostumada a dominar e ser cegamente obedecida, diante de um simples oficial vê-se obrigada a mendigar migalhas de comiseração. A custo domina a vontade de esbravejar e retruca de mau humor:

– Se não podes retribuir meus sentimentos, ao menos espero que os respeite. Se ainda tens consideração pelos amigos... Mas, que estou a dizer? Ah, ia me esquecendo de que desdenhas também minha amizade. A bela Helena apossou-se de todos os teus sentimentos.

Tentando contornar a situação o oficial senta-se ao lado da jovem. Pondo sua mão sobre a dela, fala-lhe com brandura:

– Madalena... ouve-me. Se fui rude contigo, agora ou em outras vezes, é porque não quero que sofras por um amor que não te posso retribuir. Quero-te muito bem, mas como a uma irmã, não como desejas e tens tentado com tuas armadilhas. Queremos sempre o melhor para nossas irmãs; assim como desejo para a minha, desejo para ti. Vamos... não fiques amuada. Um dia por certo encontrarás alguém e, quem sabe, virei a ser até o padrinho nos teus esponsais.

O tom amistoso e terno do jovem cavaleiro, se por um lado a reanima, por outro mais a cativa. Ela se aproveita da proximidade, aperta-lhe as mãos e, face a face, envidando esforços para não abraçá-lo, vocifera num desabafo cruento:

– Não queres que te ame para que eu não sofra; pois digo-te que não saberei viver mais sem esse amor sofrido. Peço-te somente a alegria de, ao menos, ver-te e falar-te algumas vezes, sabendo que posso contar com tua amizade. Juro-te que tenho procurado dominar esse sentimento, mas, desgraça ou felicidade minha, eu o sinto doce e amargo, vibrante e potente, que, mesmo sofrendo, chego a ser feliz...

Diante da eloqüência declarada pela jovem viscondessa, o oficial mantém-se em discreta mudez, sem lhe ocorrer de imediato argumentos a objetar. A piedade se lhe transparece no semblante, impotente para dirimir os sentimentos da moça; tenta pôr fim ao carregado ambiente, argumentando a meia voz:

– Minha amiga, acaso não é por te votar sincera amizade que aqui estou? Reconheço teu poder junto à corte, mas, se nada devo, nada temo. Se por vezes curvo-me à tua interferência é para que não me julgues grosseiro e ingrato. Companhia agradável de palestras cultas, contagiantes de alegria e bom humor, és deveras uma criatura maravilhosa. Poderíamos ser grandes e bons amigos, se situasses o teu sentimento tão-só em fraternal e profícua amizade.

A jovem segue com especial atenção as palavras de seu acompanhante, mantém-se calada enquanto seus pensamentos, em surdo protesto, gritam a agonia que lhe vai na alma: "Amizade... dás-me amizade enquanto me revolvo nesta paixão intensa, neste amor causticante." Abraça-o, deixando que o pranto silencioso escorra-lhe pela face.

– Agradeço-te a lealdade – balbucia, afastando-se tensa –, mas jamais poderei deixar de amar-te. Mesmo que o pudesse, não o conseguiria...

Esvai-se toda a esperança que o exímio cavaleiro alimentava de que pudesse a jovem fidalga, após cuidadosa conversa, acatar-lhe as ponderações, sentir-lhe as firmezas de propósito, moderando seus arroubos em relação a ele. Resolvendo pôr fim ao diálogo há muito mantido, procura despertar-lhe a atenção para o local em que estão:

– Notaste que de há muito estamos aqui parados? Falamos tantas coisas e não me disseste ainda para que queres minha companhia.

Um suspiro prolongado a impregnar-lhe o peito de novo ar e calma aparente dão-lhe desafogo e esclarece:

– Queria pedir-te me treinasses para o próximo torneio de equitação. Os teus conhecimentos e experiências me serão de grande valia.

Uma pausa e, fitando-o como a infundir no oficial condescendência, prossegue:

– Por favor, Carlos, só desta vez. Não te importunarei mais, prometo.

Não passa despercebido ao rapaz a mansuetude de que se acha imbuída a jovem ao ventilar o pedido. Repassa por sua vez o semblante abatido da namorada, sua visível apreensão no tocante à jovem viscondessa, no entanto, ainda jaz em cada um os vestígios da conversa de há pouco. O abraço de desespero, suas palavras doridas e angustiantes, as lágrimas silenciosas que a custo retinha no afã de mostrar-se forte e altiva. Amava a Helena de Valois, sua doce e meiga Helena, com todas as fibras de seu ser, disto tinha a plena e cabal certeza, sabia-o bem. Nascera predestinado a amá-la, viveria e morreria com e por este amor. Saber-se correspondido era ventura inigualável que complementava sua felicidade e jamais tivera dúvidas de que, se ela o deixasse de amar, ele continuaria a votar-lhe o mesmo amor imperecível que a bela musa dos olhos azuis lhe inspirara desde o primeiro dia em que a viu.

Olhou a orgulhosa viscondessa. Ela lhe implorava uma migalha de felicidade, através de sua presença ao treiná-la no esporte que ambos apreciavam. Recordou os favores que o haviam agraciado e refletiu para si: "Por certo me amará como eu amo Helena. Que fazer, meu Deus?"

Resoluto, responde-lhe com um sorriso cativante, fazendo uma ligeira mesura:

– Pois não, senhorita. Se te posso ser útil com minha experiência, ponho-me às tuas ordens.

Sorrindo e mostrando a fisionomia mais serena, Madalena dá continuidade aos planos que a levara a subtraí-lo ao serviço:

– Ótimo! Vamo-nos, então. No prado arranjo-te traje adequado.

Enfim, de qualquer forma conseguira o que queria. A alegria que lhe viceja no íntimo traduz-se no sorriso brejeiro a aflorar-lhe nos lábios. Pouco importava se ele não a amava, sentia-se feliz assim mesmo em tê-lo a seu lado, vê-lo, senti-lo tão próximo. E, quem sabe, não haveria um recurso, um meio certo e seguro de prendê-lo para sempre? Envolta nesses pensamentos, ordena ao cocheiro que siga em direção ao prado.

9. Ao Avizinhar-se a Borrasca

Em verdade, que é felicidade? Onde está? Como encontrá-la? A criatura humana a vê sob diversos prismas. Para uns, dinheiro para esbanjar, não para auxiliar o próximo. Para outros, alta posição em que se julgam superiores aos seus demais irmãos, filhos do mesmo Pai misericordioso, mas sobretudo justo. Ainda para outros, o luxo desmedido; o orgulho em mandar e ser obedecido; a vaidade da ostentação, ainda que a peso de constantes preocupações. E há muitos outros tipos tidos como felicidades, porém, fugazes e fictícios, bastando para tanto que os situemos à nossa maneira de sentir.

Todavia, para o espírito que sabe ser eterno só lhe interessa a verdadeira felicidade, e esta só é conseguida através da flor maravilhosa que trazemos dentro de nós, herança do Pai Supremo, Amor e Indulgência. Conforme o palmilhar pela estrada da vida, essa flor desabrocha e floresce ou murcha e fenece. Necessário se faz que a despetalemos, só que para atingir-lhe as pétalas ferimo-nos muitas vezes em seus espinhos; é quando recebemos os sofrimentos em suas várias faces. Calúnia, ingratidão, humilhação, traição, desamor... Mas, se nesses momentos nos valermos da oração, conseguiremos ultrapassá-los e nos sentiremos encorajados a prosseguir na caminhada; ao regá-las com nossas lágrimas, mais viçosas se tornam. Cada pétala representa amor ao próximo, caridade fraterna, perdão generoso, tolerância, fé constante, perseverança nas obras, humildade...

Com o decorrer de todo o despetalar, eis que ressurge uma outra flor de inigualável beleza e de fragrância inconcebível, da qual se desprende uma luz alva, que nos ligará para todo o sempre ao amado mestre Jesus. Aí então é quando alcançamos a verdadeira e eterna felicidade.

Da carta sucinta que Carlos recebe depreende, pelo conteúdo, que, conforme aludira Helena no último encontro, o barão de Valois por fim capitulara em suas severas deliberações.

O trajeto até à casa da namorada é feito em ansiosa impaciência. Ao ver-se frente a frente com a criatura amada, no rico palácio dos Valois, na expectativa de defrontar-se com o pai dela, aumenta-lhe o nervosismo. Articula o jovem oficial a meia voz, acompanhando-a ao gabinete do pai:

– Mal acredito, Helena... Tenho receio de estar sonhando.

– Papai finalmente compreendeu que só contigo serei feliz – responde-lhe a jovem baronesa, deixando transparecer a alegria que lhe vai no imo.

Terminados os cumprimentos, com o cuidado que lhe merece a análise ao pretendente da filha, o barão vai pondo-o a par das novas resoluções.

Em dado momento, ultimando-se a entrevista, fixando a vista no rapaz a fim de captar-lhe as reações, o pai de Helena pergunta-lhe de supetão:

– Apenas, oficial Giraud, à guisa de esclarecimento: que há de verdade entre o senhor e a jovem viscondessa Madalena de Saint Moritz?

– Somos tão-somente amigos – responde-lhe incontinenti o futuro noivo.

– Falam-se muitas coisas – prossegue o barão –, inclusive que ela lhe vota profunda paixão.

– Garanto-lhe, senhor barão, que nada fiz para despertar tal sentimento – apressa-se o oficial em responder.

– Muito bem. Espero, meu rapaz, que corresponda à minha confiança, fazendo feliz minha filha.

– Não tenha dúvida, senhor barão. Amo profundamente sua filha e o único objetivo de minha vida consiste em fazê-la feliz.

A jovem de Valois que, na ante-sala, aguardava expectante o desenrolar da entrevista, é chamada e, pelo pai, é posta a par do que ficara assentado sobre seu futuro.

– Resolvidos os nossos pontos de vista e honra. Têm minha permissão de verem-se à vontade, só que acho necessária esta viagem.

Ela permanece calada, mal acreditando no que ouve, e é Carlos quem responde:

– Não discuto sua vontade. Dou-me por satisfeito em vê-lo acreditar na sinceridade de meus sentimentos.

Levanta-se o barão e estende-lhe a mão, que este estreita sem tardança.

Tudo leva a crer que o maior obstáculo fora ultrapassado.

De sonhos pueris vive a criatura humana, e para melhor alimentá-los basta que se entrelacem pequenas réstias de suposta felicidade.

Nesse ponto se encontra o casal de noivos, depois de uma penosa separação de vários meses, apesar de terem, de permeio, um pequeno empecilho no tocante à viagem que Helena deverá fazer. Acalentam confortadora esperança de que até esse obstáculo, se não for possível alijá-lo de todo, não lhes causa medo pela confiança e força depositada em seu amor.

Os poucos meses que antecedem ao noivado oficial, escolhido um dia festivo, são passados na mais perfeita harmonia, demonstrando a felicidade em que estão vivendo.

Os dias livres do oficial são dedicados à futura noiva. Voltam a passear pelos mesmos lugares antes percorridos e, tanto na solicitude e carinho que Carlos devota à prometida, também ela, sobremodo romântica e sensível, oferta-lhe pequenas lembranças. Se na igreja, oferece-lhe estampas de imagens acompanhadas de tocantes dedicatórias: "Guarda com carinho o que, com amor, te ofereço."

Planos diversos são elaborados e em todos não viam nada que pudesse obstar seu amor. Com a reviravolta que o barão de Valois deu ao namoro da filha, o oficial só dispõe de tempo para o trabalho obrigatório e, ainda mais na expectativa da viagem futura, não deixa de ver a noiva nos dias livres.

Se para os futuros noivos tudo é riso, sonho, felicidade, para a jovem viscondessa Madalena de Saint Moritz, ao contrário, é só desolação; inconformada, vive em profunda depressão. Sabia-o bem que o oficial só se curvara aos seus caprichos por não ter compromissos em vista. Agora, de pazes feita com o pai de sua rival, não há força humana capaz de subtraí-lo um dia que seja de ir ver a sua amada.

As distrações já não lhe prendem a atenção e, apesar de algumas amigas, às vezes, procurarem-na, não esconde o abatimento, misto de revolta e ciúme por não ter sabido e conseguido prender o homem que diz amar.

O gênio impulsivo e irrequieto volta-lhe à tona com toda a força, transparecendo-lhe no rosto os sinais das noites mal dormidas...

– Eu te amo, Carlos... te amo... te amo. Não me abandones... amor, não me deixes...

Bradava na calada da noite. Agitada, caminha pelo quarto, ingerindo vez por outra copos de bebidas a fim de se atordoar; e prossegue como se tomada de uma febre interna e um descontrole autômato:

– Que faço deste amor? Que faço de mim mesma?!...

Chuta móveis, quebra estatuetas, enfia as mãos pelos cabelos em desalinho parecendo uma semilouca, rola na cama em crise de copioso e desenfreado pranto. Vencida pelo cansaço, dorme algumas horas. Ao despertar, vê-se-lhe o rosto pálido, com olheiras profundas, e já se fazendo notar, visivelmente, o efeito das constantes bebidas, nas mãos nervosas e nas freqüentes crises histéricas, principalmente quando a criadagem, a fim de servi-la, é obrigada a dirigir-lhe a palavra.

Os pais, alheios como sempre aos problemas de ambos os filhos, notam-lhe o abatimento, mas, convencidos de que sempre se sairá bem de toda a trapalhada em que se metera, deixam-na entregue à sua própria sorte.

Faltam apenas duas semanas para oficializar o noivado entre a jovem baronesa e o modesto oficial da Guarda Real.

A pedido da noiva, será na intimidade, presentes somente poucas amigas, seu confessor, a madre superiora e alguns amigos mais íntimos do barão, os quais insistira em convidar.

Os preparativos são feitos. *Buffet* encomendado, ela acompanha toda a euforia que a ocasião requer. Um lindo vestido de fina organza branca com forro em rosa suave fora adquirido. Dando mostra da simplicidade em que se modela sua pessoa, a jovem escolhe um singelo anel de noivado, com um brilhante e pérola engastados, não obstante os veementes protestos do noivo:

– Por favor, Helena, trouxe-te para que escolhesses um anel condizente não só com a ocasião, mas com a tua posição. Achas que não poderei presentear-te com tal?

Tranqüila, chegando-se a ele, refuta com segurança:

– Já recebi de ti valores muito maiores.

E, moderando a voz para que só ele ouça:

– O teu amor e honradez me valem mais do que todas estas jóias juntas.

Sorri-lhe, terna, consciente da afeição que ao noivo dedica e acrescenta:

– Este é o valor que, sinceramente, desejo. O brilhante te representa no valor incomparável que tens para mim, e eu serei a pérola amparada por ti.

Diante de tão convincentes argumentos, o oficial curva-se, sussurrando ao seu ouvido:

– Querida, que fiz eu para merecer a dádiva do teu amor?

Abraça-a com dedicado carinho, levando uma de suas mãos aos lábios.

O jovem oficial tão entusiasmado está que nem lembra mais de Madalena. Esta, porém, pergunta ao irmão, todo dia, informes a seu respeito.

Ao saber da proximidade do noivado, passa a viver dias infernais. Sua mente não pára, pensa intensamente, vê Carlos já casado com Helena e, portanto, perdido para si, muda de personagem, toma o lugar da rival. No auge do desespero, já que não sabe rezar e acredita que Deus seja um mito e Jesus é um louco, que pregou balelas sem nexo, reclama que ninguém lhe dá ouvidos:

– Não... não agüento mais. Quero morrer... preciso morrer e acabar com todo esse desespero, esse sofrimento... esse amor sem cura...

Para quem julga que a vida só nos foi dada para gozos materiais e curtos momentos de efêmera felicidade, não tendo nenhum vínculo através da oração com o Ser Supremo, criador de Todo o Universo, não possuindo nenhuma religião como escudo para os percalços da caminhada, facilmente se vê em abismo de que custosamente sairá ileso e vencedor, por não haver em si elos que o façam receber a ajuda indispensável e necessária. Crê que morrer é o fim de tudo, dos prazeres, das honrarias, também das dores e sofrimentos; no entanto, mal sabe que, para quem procura a morte, deliberadamente, sente em si recrudescerem em muito maior escala os seus tormentos...

Para a jovem viscondessa que assim pensa, a vida devia dar-lhe tudo o que quer, e acha que por ser nobre tem todo o direito a isso. Vendo-se tolhida em um dos seus objetos de atenção, deixa que se infiltrem em seu cérebro, doente e cansado, pensamentos nefastos que só lhe acarretarão mais sofrimentos.

O irmão é o único a preocupar-se com ela. Procura-a no vasto jardim, sentada com um copo à mão, ou no quarto, na maioria das vezes todo em desalinho, atestando a tempestade que lhe vai na alma. E tenta demovê-la daquela situação depressiva em que está caindo:

– Mana, contém-te. Não vês que assim acabas doente?!

– Que me importa? Só quero morrer – responde-lhe em alta voz. – Morrer e acabar com todo esse infeliz amor que me consome e me rouba a paz...

Uma idéia surge-lhe, inopinadamente, e acrescenta:

– Quem sabe se assim ele terá pena de mim e virá ver-me?!

– Madalena, não te deixes dominar por pensamentos trágicos. Vai fazer uma viagem, será melhor para ti – prossegue Marcelo.

E como se nada ouvisse, entrega-se de corpo e alma a seu novo e macabro pensamento...

Mal amanhecera e a descontrolada viscondessa dá-se pressa em aprontar-se para sair, evidenciando ter algo de urgente a fazer. Insinua-se, em sua fronte, uma leve dor de cabeça, pressionando-a sobre as têmporas, que julga ser devido a ter dormido mal; todavia, se lhe pudessem ver os tétricos pensamentos, notariam os pontos obscuros e obstruído todo o seu raciocínio, uma vez que, não sendo de seu hábito orar, quando em depressão vale-se de bebidas e imprecações, entregando-se assim aos mais desencontrados choques obsessivos.

Andando de um lado para outro no amplo quarto, espera que o pai e o irmão saiam. Ao ouvir a carruagem afastar-se, desce, ingere rápido uma xícara de chá e, como autômata, encaminha-se à sala de armas. De uma das estantes retira uma pistola, enfia-a na bolsa e resoluta pega, por sua vez, a condução e parte.

O oficial Giraud apronta-se para o exercício de equitação no momento exato em que é informado da visita da jovem viscondessa. Um vinco de contrariedade sulca-lhe a testa e pergunta o que ela ainda quererá, sabendo-o em véspera de oficializar seu noivado. “Por certo não é para dar-me os parabéns”, pensa o futuro noivo, ao dirigir-se para a sala onde é aguardado.

Um pressentimento acrescido de surdo receio do que poderá advir da entrevista deixa-o apreensivo. Tem ímpetos de retroceder, desculpando-se, pelo guarda, estar atrasado para o serviço, e evitando-lhe assim a presença. Parou em meio do caminho para melhor pensar; depois, seguiu em frente: “Melhor enfrentá-la do que acarretar um escândalo, que poderá repercutir mal aos ouvidos do barão.”

Olhando através da janela, sem contudo prestar atenção, Madalena sobressalta-se ao ouvir a voz do rapaz:

– Bom dia. Como vai, Madalena – saúda Carlos, amistosamente.

Ao depararem-se frente a frente, após o curto período sem se verem, contraditórias emoções lhes assomam do íntimo. Ele dá-se conta do estado precário dela. Está mais magra, pálida, com fundas olheiras, os olhos inchados e vermelhos, aparentando ter envelhecido anos nestes poucos meses. Tem mesmo um aspecto doentio, enquanto que ela o vê com a toda exuberância do seu porte e como nunca lhe parecera mais belo e atraente. Uma onda de revolta aumenta-lhe os propósitos nefastos e a resposta não se faz esperar:

– Como vês, não tão bem como tu. Olha a que trapo me reduziste.

– O que dizes não tem sentido. Tenho consciência de que nunca te iludi, nem ultrapassei os limites da simples amizade – apressa-se o oficial a responder.

A moça olha ao redor vagamente, dá alguns passos pela sala e, na extremidade, profere angustiosamente:

– És a personificação real da felicidade.

Faz uma pausa, olha-o silenciosamente e recua, com uma das mãos na bolsa, prosseguindo dominada de forte tremor:

– ...Para mim, só... a morte... me fará feliz.

Percebendo o tom sinistro nas palavras da tresloucada jovem, o aflito oficial adianta-se em sua direção, pondo na voz uma súplica de intenso clamor:

– Por Deus, Madalena, desvairas. Certamente não estás em teu juízo perfeito. Mal sibilando as palavras, sente invadir-lhe um inusitado terror, pois, antes de terminá-las a vê apontar a pistola em direção ao coração.

De um salto, tenta arrebatá-lo, no entanto, ouve-se um disparo e o corpo da jovem cai inerte em seus braços, ao mesmo tempo em que acorre gente de todos os lados. Em poucos minutos, a sala encontra-se em um verdadeiro tumulto. São tomadas as primeiras providências para socorrer a acidentada que, colocada em um sofá, permanece sem sentidos.

Com a chegada do médico, fica constatado que seu estado é dos mais delicados; por pouco não fora atingindo o coração, mas a hemorragia advinda do ferimento com a precariedade das condições orgânicas da jovem em muito agravam seu estado.

Incontinenti, o oficial é preso para maiores esclarecimentos, uma vez que, estando a sós com a vítima, nada há além de sua palavra que possa comprovar ter havido tentativa de suicídio da parte da aristocrata moça.

De um momento para outro toda a cidade é abalada pelo infausto acontecimento. Os pais do infortunado rapaz, ao pensarem no que lhe pode advir do trágico acidente, não se contêm em lamúrias de toda sorte:

– Meu filho, meu Carlos! – exclama a senhora Sara, dando expansão ao seu sofrimento. – Como foi acontecer-lhe tal desgraça?!

O pai procura entre os inúmeros amigos e clientes um advogado para o seu primogênito para, ao menos, amenizar-lhe as duras penas que fatalmente surgirão. Sabe o doutor Giraud que não dispõe de recursos nem poder para competir com os Saint Moritz, todavia, não medirá esforços para ajudar o filho na tragédia em que involuntariamente se envolvera.

O barão de Valois encontra-se em seu posto de serviço quando é cientificado da triste ocorrência. Um sentido abalo o deixa, por momentos, incrédulo. Com o alvoroço que vê à sua volta, invade-lhe a cruel certeza e, em seu pensamento, começa a avaliar o que será o sofrimento da filha, em vésperas de noivar, ao tomar ciência do infausto acontecimento.

Dá-se pressa em retornar à residência, porém vem-lhe à mente a figura do oficial que passara a conhecer melhor ultimamente e já estimava. Vale-se então de seus direitos nobiliárquicos e, com a mesma determinação que lhe molda o caráter, interfere para que o jovem não seja recolhido à prisão comum.

O imprevisto retorno do barão causa, tanto à senhora Luísa como à filha, que se encontra no jardim, inesperada surpresa. Pelo seu aspecto fisionômico, não é difícil para ambas deduzirem que algo de grave aconteceu ou que fora acometido de algum mal súbito.

Passados os primeiros instantes de indagações, com delicada evasiva pede à senhora baronesa que o acompanhe ao interior do palácio, onde minuciosamente relata os fatos de há pouco, ocorrido com o pretendente da filha. Estão justamente procurando as palavras adequadas para informá-la quando Helena abre a porta do gabinete e entra transfigurada. A palidez acentuada demonstra que o sangue está prestes a fugir-lhe do cérebro. Dá mais alguns passos, estende os braços à mãe ao mesmo tempo em que sibila um nome: Carlos. Fogem-lhe as forças e cai desmaiada...

A situação da viscondessa Madalena continua precária, seu estado de saúde, acrescido de grave desequilíbrio nervoso, a faz passar dias de agitado delírio. Impotente para qualquer declaração, quando consegue acalmar-se com sedativos, advêm-lhe sonos ininterruptos. Assim passam-se os dias...

10. O Batismo pela Dor

Quantas vezes, ao sermos atingidos por fatos cruciantes, nos perguntamos como tal nos pôde acontecer. Não estaríamos sonhando, sendo vítimas de um terrível pesadelo? Por que não seguimos a intuição que advertia de que algo de ruim nos aguardava? É que os nossos guardiões espirituais, para que estejamos fortalecidos nos momentos de provas e expiações, alertam-nos durante o sono com conselhos amoráveis, o encorajamento necessário e o desvelo próprio dos espíritos que se empenham em nosso progresso espiritual, com o fim de que mais depressa consigamos atingir a verdadeira felicidade. No subconsciente guardamos os vestígios desses contatos amigos e, não obstante os mais acerbos sofrimentos e prantos, sentimo-nos amparados e impulsionados para enfrentá-los em nosso próprio benefício, pois, sendo nosso o débito, não podemos transferi-lo a outrem nem deixar de resgatá-lo. Se, ao invés da revolta, curvarmo-nos resignados, acolhendo com humildade e confiança os justos desígnios do Pai, estaremos nos pondo em condições de receber maior ajuda, evitando assim padecimentos mais dolorosos.

O desditoso oficial Carlos Giraud assim pensava. Como pudera acontecer-lhe tamanha desventura! O impacto da tragédia causara-lhe tão grande abalo que, turbado o raciocínio, mais parecia um demente nas respostas dadas, sem ao menos saber rebater as acusações malévolas de todo porte que nesses casos ocorrem, principalmente quando implicam uma nobre e um plebeu.

Levado docilmente e preso em um pequeno quarto no próprio quartel, ele, que é a expressão máxima do desespero, procura em seus pensamentos desencontrados algum motivo de esperança que possa reanimá-lo para o duro e ferrenho interrogatório que terá de enfrentar. Afinal, ninguém melhor do que ele conhece como são inflexíveis as normas e a disciplina impostas a um oficial da corte real.

A figura da noiva por vezes lhe vem à mente, não restando em seu espírito a menor dúvida de que obstáculos insuperáveis lhe atravessaram o caminho, no tocante ao pretendido casamento, pois que, expulso da Guarda Real, nada resta de seu que lhe possa oferecer. Nervoso, apático, andando de um lado para outro ou sentado no modesto leito, conjectura sobre seu futuro, que se descortina escuro e sombrio. Passa os dias em febril expectativa e suas noites são de contínuas vigílias.

Desde o dia da tragédia não mais vira o barão de Valois que, atendendo à família nas diversas fases por que passara, confia o oficial ao seu ajudante de ordem. Este não dispõe da mesma tenacidade de seu superior, não podendo impedir que os sádicos partidários dos Saint Moritz fizessem interrogatórios ininterruptos, com o fim de cansá-lo e confundi-lo.

Carlos indaga ao pai sobre Helena, nas poucas vezes em que lhe permitem falar, mas não obtém informações certas. Angustiado, sem notícias da jovem baronesa, escreve-lhe uma carta, encarregando o genitor de entregá-la o mais breve possível.

Diversas pessoas ditas de alta envergadura o haviam interrogado, cada qual se intitulando a serviço da ordem e da justiça; todavia, passado o choque dos primeiros instantes da triste ocorrência em que a situação melindrosa da filha os mantivera em suspenso, voltam-se os de Saint Moritz para a pessoa do oficial. Um premeditado e falso julgamento atestou o excesso de poder reinante na época, com a fraca desculpa de que serviria para os demais plebeus, cujas pretensões se lhe igualassem.

Em uma das salas do quartel destinada a esse fim, reúnem-se os dignitários da corte, os quais, orgulhosos dos títulos que ostentam – não para julgar com discernimento, mas, valendo-se de seu prestígio, servirem ao ódio e à vingança –, deverão punir quem se atrevera a atingir um nobre, mesmo que seja reconhecidamente inocente.

Ao ver-se, diante de tantos rostos hostis, muitos seus conhecidos que em outra oportunidade até o favoreceram com convites, Carlos lhes sente nas expressões e nos olhares que não deve esperar nenhuma benevolência, ainda mais que não conseguirá nenhum advogado para defender-lhe a causa. Sem coragem de recusar a defesa, descartavam-se exigindo quantias elevadíssimas. Nas desculpas sem nexo, divisavam eles o receio de contrariar a fina nobreza, o que seria o mesmo que cair em desagrado com a cúpula poderosa do momento. A jovem viscondessa não exagerava quando referia-se ao poder que desfrutava a sua família junto à corte real.

Abatido, mal dormido, vivendo nos últimos dias choques de diversas emoções, sente-se tomado de ligeira vertigem, que o obrigava a apoiar-se no espaldar da cadeira próxima. Um suor frio percorria-lhe o corpo, ao mesmo tempo em que uma onda de calor assomava-lhe ao rosto. "Não... não é possível, meu Deus, que seja eu mesmo que esteja aqui. Deve ser um doloroso pesadelo" – pensa, enquanto uma voz forte e autoritária lhe fala:

– Oficial Giraud, estamos aqui reunidos para julgá-lo culpado ou inocente; estamos dando início agora à parte acusatória sobre o ocorrido com a viscondessa senhorita Madalena de Saint Moritz, uma das finas jovens da nossa nobreza, porém, adianto-lhe que, a bem da disciplina, será destituído do posto de oficial da Guarda Real nos próximos dias em data a ser fixada por S.M. e, como sempre, em praça pública.

Cada palavra do acusador o fere de forma causticante e atroz. O cenário da solenidade da desonra, em plena praça pública, o atinge de modo cruciante. Prossegue a acusação impiedosamente:

– Não achamos em suas declarações coerência, uma vez que a senhorita Madalena, figura muito conhecida e estimada em nossa nobreza, não só pela sua alegria e jovialidade, como admiradora profunda dos prazeres da vida, a ninguém deixou transparecer, em palavras, estivesse inclinada para tal ato do suicídio. Ainda mais – alonga-se o acusador – quando dispõe de tudo para sentir-se feliz e amar a vida.

Só podemos compreender e sentir exatamente os fatos quando deles participamos ou somos atingidos. O oficial, em meio ao ambiente totalmente hostil e desfavorável, entende, por fim, como tantos outros sumiram da noite para o dia sem deixarem vestígios; só que com ele forjaram aquele simulado julgamento, no qual não lhe é permitido defender-se, nem ao menos relatar os fatos como se deram. Ouve o investido da magistratura complementar a acusação, agora mais veemente:

– Não terá o oficial feito planos visando a casar-se com alguma moça da nossa nobreza e, ao ver os seus projetos primeiramente abalados pelo barão de Valois, transfere suas atenções para a senhorita Madalena...?

O acusador, valendo-se da situação modesta do oficial, atinge-o em seus sentimentos, lhe vasculha a vida íntima distorcendo fatos, pintando-os ao seu modo. No auge da acusação, enfatuado com a pose de quem se julga convincente e sem réplica, prossegue em meio ao murmúrio geral:

– Não vejo a necessidade de tornar a ouvir as declarações do réu. Inteligente e astuto, jamais confessará que planejou tudo meticulosamente. Tendo acesso livre à casa da vítima, em uma das muitas oportunidades apoderou-se de uma das armas e, na primeira ocasião que lhe foi propícia, praticou o crime, uma vez que passara ao bom convívio com o barão de Valois.

Satisfeito com a boa acolhida que tiveram suas palavras, não se detém aí. Arrogante e vaidoso, aproveita-se do ambiente que lhe é favorável para prolongar-se em suas explanações:

– Justo, meus amigos, que a viscondessa Madalena, não se conformando com o abandono a que foi relegada, procura-o para pedir-lhe explicações. O acusado, vendo a determinação da jovem em defender por direito os sentimentos que ele alimentou, estando ambos a sós, vê surgir a melhor oportunidade de livrar-se da vítima, idealizando uma suposta tentativa de suicídio. Está tudo evidentemente claro.

Uma pausa intencional com o fim de provocar suspense para, a seguir, arrematar objetivo:

– Sou de opinião que, e espero que o honrado júri concorde, diante da evidência dos fatos não será preciso ouvir o defensor público, uma vez que constatada está a culpa do réu. Para bem punir-se a ralé espúria que se infiltra na nobreza com o fim de, vilmente, atingi-la e contaminá-la, meu parecer é que esse plebeu deve ser exilado ou condenado à prisão perpétua!

Ao sentir, pela acolhida que tiveram as últimas palavras do acusador, que se encontra totalmente perdido e condenado, o oficial ergue-se como um animal gravemente atingido. Tentando a custo refrear o pranto que lhe embarga a voz, brada desesperado:

– Por Deus! Ouvi-me! Sou inocente, inocente do que me acusais!

Em vista dos veementes protestos de inocência do condenado, os guardas que o ladeiam seguram-no firmemente.

Para os poderosos viscondes de Saint Moritz correra tudo como planejaram. Pelas vozes dos jurados, ouve-se a concordância da sentença em prisão perpétua, em contraste com o pranto convulso dos familiares do infeliz militar, cujos pais, para evitar a dor, ficaram em casa. Todavia, uma pessoa há no recinto, pelo grau de nobreza e vinculo com a vítima, que acredita nas palavras do jovem sentenciado. E este é o irmão de Madalena, o visconde Marcelo de Saint Moritz.

Ficara ele no lugar oposto ao de sua família, a presenciar em que tempo reduzido os pais arquitetaram aquele julgamento tendo por base os meios mais despóticos e os homens mais desumanos de toda a corte. Quem sabe agindo assim os viscondes tentam acalmar suas consciências no que se refere à falta de assistência moral da qual sempre privara os filhos?

Súbito, levanta-se e corre a alcançar o réu, que é levado para a prisão comum. Afasta um dos guardas e, ladeando-o, diz-lhe em rápido sussurro:

– Tranqüiliza-te. Sei que és inocente. Verei o que poderei fazer por ti.

Em seguida mistura-se às demais pessoas a saírem, que não se furtam aos mais desairosos comentários.

De tramas as mais diversas e planos os mais diabólicos se viram muitos enrodilhados em seus tentáculos. Não só plebeus, os da alta nobreza, como também, reis e rainhas sucumbiram ao jugo de uma força tirânica, sem saberem ao certo de onde provinha tão tenebrosa e malévola perseguição às ocultas unicamente para servir ao ódio, satisfazer à vingança ou ainda à sede insaciável do poder.

Chegara a vez do simples e modesto oficial Carlos Giraud, ao aceitar, em circunstâncias críticas, a amizade de uma das mais ricas jovens, cuja família desfrutava não só da intimidade do palácio real, como dispunha de força poderosa, capaz de elevar e destruir, em pouco tempo, qualquer um que lhe caísse em desagrado. Vemo-lo, de um momento para outro, atirado ao mais doloroso destino.

Levado incontinenti para a prisão nas infectas masmorras existentes no subterrâneo do quartel adido ao palácio, o inditoso oficial sente, de imediato, que pouco tempo terá de vida. Ao ser empurrado pelo carcereiro para dentro da imunda cela, bate com a cabeça no teto, pela pouca altura do compartimento. A escuridão é completa; somente do alto da porta, através das barras de ferro, penetra fraca luz da lanterna que alumia o longo corredor, que dá acesso aos demais cubículos. Abaixa-se e, tateando, encontra um resto de enxergão a um canto do lamacento chão, onde se senta. Das paredes frias e úmidas corre um limo viscoso que se acumula no chão, com toda espécie de lixo e detritos. Vestígios dos anteriores encarcerados ali se encontram misturados aos ratos e demais animais rasteiros mortos, causando um odor nauseabundo, acrescido dos gritos roucos dos demais prisioneiros. Esta é uma fraca idéia desse calabouço da morte, onde a noite é eterna e os dias inexistem. Esquecidos do mundo ou dados como mortos, aí estão e ficarão à espera de que a sentença se consume, pois não há humano, por mais forte que seja, que resista à exígua e precária alimentação, escassez de água, falta de higiene e ar puro, além da profunda friagem ali reinante.

Seus olhos, ainda não acostumados à escuridão, nada vêm. Apalpa-se e diz para si: "Estarei vivo? Nada nem ninguém me poderá salvar do triste destino que me espera."

Em meio ao turbilhão de pensamentos que lhe vêm à mente, pensa nos pais idosos a passarem por tão grande desgosto. Lágrimas silenciosas rolam-lhe pelo rosto. Soubera pelo pai que a noiva bem-amada ficara adoecida ao inteirar-se dos tristes acontecimentos. Então, monologa consigo mesmo, enquanto mais intenso se torna o pranto:

– Helena... Helena... perdoa-me, minha querida, pelo muito que te faço sofrer, quando só desejava fazer-te feliz...

No impacto do copioso pranto, deita-se no reduzido enxergão e pede em incontida súplica: "Senhor!... Sei que minha vida está no fim, ajuda-me a perdoar aos que a destruíram para que eu possa continuar a merecer o amor da meiga criatura que puseste em meu caminho..."

Uma calma lhe assoma o íntimo. Um suave torpor lhe invade os membros. Aos poucos o sono se assenhora de seu corpo e pouco depois o desventuroso oficial respira pausadamente, deixando entrever que dorme um sono tranqüilo e reparador...

O Pai de amor e misericórdia vela ininterruptamente por todos os seus filhos. Ninguém está só e, mais do que outrem, aquele que resgata, por já possuir forças capazes de resistir ao mal, oferecendo melhores condições para que seja ajudado e amparado do plano espiritual pelos servidores do Senhor Jesus.

Na jovem baronesa, de natureza sensível e delicada, a tragédia causara sérios abalos. Em meio ao desmaio, provém-lhe uma séria crise nervosa, advindo uma febre que a retém durante muitos dias no leito. O médico ministrara ervas sedativas, provocando-lhe horas seguidas de sono profundo.

Ao voltar a si em seu quarto, aos poucos vem-lhe à memória o que ficara sabendo através de sua ama, por sua vez informada pelo cocheiro que trouxera o barão. A mãe, que a velara continuamente, ao vê-la despertar mais consciente acerca-se mais perto, ajeita-lhe os sedosos cabelos negros espalhados sobre o travesseiro, em contraste com a grande palidez de seu rosto. Nota-se-lhe uma calma aparente, seguida de fria apatia, imaginando-se como se a tivessem jogado abruptamente no mundo, vindo de um nada. Sente-se invadir-lhe a alma uma sensação de vazio, uma vaga lassidão domina-lhe o corpo, tenta reagir, esforça-se para coordenar as idéias e, aos poucos, volta-lhe ao pensamento todo o desenrolar da trágica ocorrência.

Como se tocada por uma faísca elétrica, joga-se de inopino para frente em um abraço febril. Agarra-se à mãe e, em desesperado pranto, extravasa todo o sofrer que a oprimia até então; misturam-se as lágrimas. A mãe, querendo fazer-se forte diante do profundo sofrimento da filha, vê-se impotente e por instante se veêm abraçadas em um só pranto, numa só dor, e choram...

A ama corre a chamar o barão, e a madre superiora, que está em visita à ex-discípula, toma o lugar da senhora Luísa, que é levada para seus aposentos. Abraçando-a docemente com a convicção de quem sabe o que diz, fala brandamente:

– Filha amada, o Senhor sabe sempre o que é melhor para nós. Talvez te reserve infindáveis alegrias, ao testar-te agora, no testemunho da dor, o ânimo e a fé.

As palavras da serva do Crucificado do Calvário fazem a jovem pensar em sua Mãe, de quem é devota. Mentalmente a invoca, ligando-a ao quadro da crucificação e a resposta lhe vem de imediato: "Porventura o teu sofrimento, Senhora, não foi bem maior do que sinto agora?"

Envidando esforços para se acalmar, indaga ainda trêmula pelos soluços:

– Que foi feito de Carlos? Estará preso em alguma masmorra incomunicável?

– Não, filha – responde-lhe a madre, desconhecendo o arbitrário processo de que fora vítima o oficial naquela manhã –, teu pai intercedeu por ele. Encontra-se detido em um dos aposentos no quartel.

– E... dela, que sabem? Continua grave seu estado?

– Sim, oremos a Deus para que sobreviva. Só suas declarações poderão ajudá-lo, evitando-lhe uma pesada sentença.

De redobrados soluços é acometida a jovem, caindo extenuada no leito. Impregnando-a de todo o amor que sente por aquela criatura que muito tem da sua própria índole, a freira fala-lhe com palavras ternas, mas enérgicas, como carece a ocasião:

– Helena, minha querida, muitas das vezes necessário se faz que sufoquemos nossas lágrimas, nosso sofrer, em benefício daqueles que dizemos amar.

Uma pequena pausa, acrescida de terna carícia, e a madre prossegue:

– Tua mãe velou-te todos estes dias, o médico a assiste neste momento, pois seu coração ressentiu-se com tantas emoções. Por sua vez, Carlos, mais do que nunca, precisa de tua ajuda, de teu testemunho de amor, de tua compreensão.

Um profundo suspiro e seguem-se as palavras da jovem:

– Carlos... meu amado, que te fizeram? Em que plano diabólico te envolveram, arrastando-te a tão triste sorte!...

Após ingerir uma substância calmante, senta-se no leito e comenta contristada:

– Por certo não será conveniente vê-lo. Os de Saint Moritz mais o atormentariam...

– Sim, é verdade – concorda a ponderada freira. – O mais aconselhável é escrever-lhe uma carta e o senhor barão a entregará. Quando se ama, querida, não importa a presença. Mesmo que estejamos longe nos sentiremos aquecidos pelas vibrações desse amor.

Mais calma com as argumentações da madre, a jovem baronesa tece considerações em torno da gravidade da situação do pretenso noivo, de como enviar-lhe algumas palavras de conforto e esperança. Com o mesmo denodo que lhe molda o caráter, ainda vacilante, apóia-se em sóror Maria Assunção e dirige-se aos aposentos da mãe, a fim de inteirar-se do seu estado de saúde. Aparenta uma tranqüilidade que está longe de sentir, no entanto, sabe que para acalmá-la é preciso demonstrar serenidade e resignação. Ao ver-lhe o aspecto, não se imagina o tumulto que lhe vai no íntimo. Todavia, horas mais tarde, ao encontrar-se a sós com o pai, no gabinete, intensa apreensão a domina e pergunta-lhe com a voz trêmula:

– Meu pai, peço-te, nada me escondas sobre a verdadeira situação de Carlos. Prefiro a cruel verdade à ilusória mentira.

– Pelo que soube de René, continua detido para averiguações, muito embora os correligionários dos Saint Moritz o tenham interrogado – responde o barão.

– Vou escrever-lhe uma carta e peço-te ires tu mesmo entregá-la, colhendo melhores informes. Por Deus, pai, ajuda-o no que puderes. Faze-o por amor a mim – conclui Helena suplicante.

– Filha, sossega. Ainda não estás bem – redargúi o barão, tomando entre as suas as mãos da filha. – Tudo farei para ajudá-lo, mas não te escondo o quanto são poderosos os de Saint Moritz e a influência de que dispõem junto à corte. A propósito, esteve aqui ontem o doutor Giraud. Deixou uma carta para entregar-te da parte do filho.

Acercando-se da escrivaninha, apanha um pardo envelope, entregando-o à filha.

Saindo quase a correr em direção ao seu quarto, apesar de seu precário estado físico, Helena não se apercebe de que uma pessoa espera na ante-sala para falar com seu pai. Outro não é senão René, que instantes depois relata detalhadamente ao barão o ardiloso julgamento de que fora vítima o noivo da filha, maquinado nas sombras da noite e efetuado, para surpresa de muitos, às primeiras horas da manhã. Assombro e estupefação estampam-se na fisionomia do pai de Helena, acrescentando mortificado:

– Pobre rapaz. Tantas forças e cadeias malévolas o enredaram que intransponíveis se tornam as barreiras para salvá-lo.

Diante do movimento desusado, o ajudante de ordens interrompe:

– Consegui saber com tempo suficiente para avisar os pais.

Deixando transparecer na fisionomia uma expressão de profundo pesar, o barão de Valois prossegue pensativo:

– Sinto-me impotente para ajudá-lo diante de forças tão poderosas, como as publicamente declaradas dos Saint Moritz. Até S.M. curva-se diante deles...

Trocaram ainda algumas palavras, tendo o barão encarecido silêncio em torno do julgamento para que, pelo menos por ora, não chegasse aos ouvidos da filha.

Em seu quarto, sentada na cama, Helena abre o pardo envelope em que, pelo tremor das mãos, denuncia a aflição que lhe domina o interior, ao vislumbrar na carta a letra incerta do indigitado noivo. Vê-se impotente para conter o orvalhado pranto que lhe tisna os belos olhos azuis. Contudo, lê:

Amada Helena.

Não sei como recebeste a trágica notícia do pesadelo que sobre mim se abateu.

Querida, nunca precisei tanto do teu amor, da tua compreensão.

Em uma destas manhãs, recebi a visita de Madalena. Vinha evitando-lhe a companhia e não a via há meses. Para minha surpresa procura-me no quartel e, após proferir palavras desconexas, num gesto rápido e tresloucado, retira da bolsa uma pistola e aponta-a em direção ao coração. Num salto, tentei arrebatá-la. Não sei se esse gesto afastou-a do alvo ou se precipitou o disparo; o que sei é que jamais poderia imaginá-la capaz de praticar tal loucura.

Nada temas. Confia, sempre te fui sincero e o que te escrevo é a expressão da verdade. Não esqueço o poder dos viscondes de Saint Moritz, a que, reconheço, não posso fazer frente; todavia, confio em Deus e, inocente que sou, não será difícil provar como e o que na realidade se passou.

Preciso como nunca do teu amor e das tuas preces. Não te esqueças de mim em minuto algum, meu amor. Tenho-te como a esperança que conforta e o porto seguro em que sei não me recusarás abrigo.

Assim que possas, escreve-me. Estou impedido de sair. Aguardo ansioso notícias tuas.

Beijo-te as faces, Amor,
Os lábios de rubra cor,
As mãos alvas de marfim,
Nestes instantes, querida,
Tão duros de minha vida.
E rezes sempre por mim!

Teu infeliz Carlos.

A leitura, que fora truncada diversas vezes pelas lágrimas, chega a seu término e, com ela, a fraca resistência da jovem baronesa, que faz rolar pelo abatido rosto o caudaloso pranto a desafogar-lhe o coração. Caída sobre a cama, com dificuldade soergue-se, aproxima-se da cômoda, apanha papel e caneta de uma das gavetas e principia a escrever ao noivo a resposta. Nota-se-lhe em algumas partes a presença das lágrimas. Por fim, depois de inúmeras tentativas, entrega-a ao pai, em meio às rogativas sem conta da jovem.

Tão logo raiou o novo dia, discretamente o barão de Valois inicia as buscas a fim de localizar o noivo da filha; no entanto, deparam-se-lhe tantos obstáculos que, apesar de toda a sua vontade obstinada, só consegue logros nas informações que obtém, imprecisas e erradas. Após inúmeras tentativas, desiste de continuar a procura. Retorna ao lar, não só acabrunhado, mas também com a desolada certeza de que, dada a sua idade, torna-se ainda mais difícil a pesquisa, pelo mistério que cerca o paradeiro do jovem condenado.

Impossível ocultar por mais tempo a verdadeira situação do preso à filha. Às insistentes perguntas não lhe satisfazem as respostas escusas. Seus olhos aflitos encaram o pai a fim de captar a verdade que desconhece, mas que pressente através da intuição aguçada de que é possuidora. Algo de muito grave ocorrera com o noivo...

O pai, malgrado todo o cuidado para participar-lhe os pormenores do julgamento, espera pela pior reação. Por sua vez, comenta para si, ao presenciar como a filha está alquebrada pelo sofrimento: "Meus Deus... como se explica que um sentimento se arraigue tão profundamente ao ponto de uma tragédia abater duramente quem há dois anos eram simples estranhos..."

Em verdade, o barão de Valois desconhecia completamente a força dos laços espirituais, tanto afetivos como odiosos. Conquanto decorridos somente dois anos de conhecimento entre a filha e o desditoso oficial, o liame afetivo o deixava atônito, tamanha a fortaleza de sentimentos e sofrimentos externados por ela.

Acreditasse ser o espírito eterno e que, para conseguir a pureza imprescindível a fim de habitar mundos superiores, onde não existem dor, lágrimas e sofrimentos, terá o espírito que reencarnar quantas vezes sejam necessárias à sua evolução, encontraria então a explicação para todo o drama ora vivido. A lei justa de causa e efeito nos faz despertar à cata de lenitivo e entender nossos padecimentos, encontrando as diretrizes certas que nos levarão a atingir as moradas felizes e deslumbrantes das quais nos falou o Mestre em seu Evangelho de amor. Então viveremos em perfeita harmonia, como irmãos que somos realmente, filhos de um só Pai misericordioso e sábio, reunidos por fim em um só rebanho, com um só pastor: Jesus-Cristo.

Pondo-se de pé com gestos descontrolados, Helena comprime o peito como se desejasse fazer-se ouvir pela rival ausente, bradando em incontida angústia:

– Oh, não... Meu Deus! Não... não é possível, Carlos, que o amor de duas mulheres te tenha arrastado a destino tão cruel!...

O barão, diante do desabafo amargurado da filha, aconselha com ternura:

– Minha filha, não te desesperes assim. Tive o cuidado de manter tua mãe afastada desta conversa, pois sei o quanto seria penoso para ela ver-te neste estado.

Abraça-a, carinhosamente e continua com voz sentida:

– Pudesse eu voltar atrás ou prever o futuro, e não os teria nunca separado. Ah!... quem me dera poder ocupar o lugar de teu noivo...

Basta presenciarmos o sofrimento de quem amamos para que nos sintamos salpicados por suas gotas de dor. Com as palavras ternas do pai, a jovem, retribuindo seu amplexo, deixa enfim que o pranto inunde-lhe os belos olhos azuis, descendo pelo rosto, demonstrando todo o seu sofrimento e todo o seu amor.

Passados os primeiros instantes do choque emocional, Helena, tomando o pai pela mão, senta-se ao lado dele. Leva o lenço aos olhos e fala como se pensasse alto:

– Só Marcelo de Saint Moritz pode ajudar-nos. Ele deve conhecer o paradeiro de Carlos.

Assentindo, o barão prontifica-se a ir ter com o jovem visconde no quartel, o que faz no dia seguinte.

Quando entramos em contato mais direto com determinadas pessoas, encontramos ensejo de melhor sentir-lhes as facetas de seu caráter. Em decorrência dos meses de estreita convivência com a jovem baronesa, quer nas palestras, nas opiniões emitidas ou diretrizes de vivência, viu-se Marcelo atingido pelo fascínio espontâneo da moça. Aliando-se à irmã com o fim de interceptar o romance da jovem com o colega, sentiu-se contagiado por sua personalidade marcante e, aos poucos, deixou-se envolver pelas magnitudes de suas qualidades. Chegara à conclusão, mediante a convicção dos sentimentos da jovem e a firmeza de seus propósitos, de que nunca conseguiria sucesso na empreitada a que se propusera. Convencera-se de que jamais obteria seu amor. Todavia, seu relacionamento com Helena de Valois proporcionou-lhe a oportunidade de ver despertarem em si alguns dos nobres sentimentos que jaziam adormecidos em seu íntimo, e cuja vida folgazã que levava não lhe permitira até então trazer à tona. Enquanto a irmã precisaria de sérios e fortes abalos para lhe despertarem as qualidades morais, a Marcelo lhe bastaria um empurrão mais forte para atingir a Verdade, e este foi-lhe dado pela jovem baronesa. Assim, conformara-se com a situação de ser tão-só um sincero e incondicional amigo dela. Ficara estabelecido esse ponto, quando das últimas visitas do rapaz à residência dos Valois, por ocasião das severas determinações do barão.

Relembrando a promessa do jovem visconde, a herdeira dos Valois não hesita em procurá-lo. Ele desdobra-se em cuidados com a irmã, pois sabe que só ela, com suas declarações, poderá ajudar o colega injustamente preso, já que não se esquecera da promessa que lhe fizera após o simulado julgamento. Acorre à residência dos Valois e, atendendo o pedido da jovem, não perde tempo e põe-se à procura, na tentativa de localizar o oficial recluso. No entanto, para sua surpresa, esbarra em idênticas dificuldades.

O plano elaborado pelos pais foi deveras meticuloso, contando ainda – por medo, imposição ou ganância – com a fidelidade dos que os servem nesse torpe trabalho. Ainda mais que é voz corrente serem as ordens dos Saint Moritz abonadas por S.M. Desagradar-lhes é o mesmo que acarretar dissabores para si. Assim, compreende o jovem visconde que, ao deixar-se possuir pela revolta na desumana sentença, passará a ser visto com desconfiança pelos pais.

Os viscondes não entendem como pode o filho, um Saint Moritz, encontrar atenuantes e mesmo desculpas para um criminoso, a seu ver frio e calculista. Apesar do filho ter-lhe notificado com minúcias os antecedentes do estado descontrolado da irmã, os pais não se conformavam, culpando o oficial de ser o autor intelectual da desgraça que atingira a filha, a se debater entre a vida e a morte. Para eles deveria haver um culpado, e que outro haveria senão Carlos Giraud?

Efetivamente, Marcelo de Saint Moritz não desmerece o nome que traz e passa a agir com astúcia e cautela, esperando tão-somente a ocasião oportuna para indiretamente interrogar os pais. Levara ao conhecimento de Helena os resultados negativos de suas primeiras pesquisas. A moça, que sabe portar-se altruisticamente em qualquer ocasião, deixa o jovem visconde contristado por não poder prontamente confortá-la e serenar-lhe o ânimo com informações precisas. Naquela tarde, após visita aos de Valois, Marcelo conversa com os pais, que na rica sala de estar tomam chá, e espera torcer a palestra a fim de atingir seu objetivo:

– Chegaste em boa hora, filho. Tomas chá conosco? – pergunta-lhe a senhora Margot, sem se deter de servir-se.

– Não, mamãe. Acabo de fazê-lo com os de Valois – responde o jovem, abraçando-a.

– Poderás dizer-nos o porquê dessas tuas visitas contínuas a essa família?

Encaminhando-se para uma poltrona, o rapaz se senta enquanto evoca o semblante abatido de Helena. Confiara-lhe o pai os momentos de rude tormento por que vem passando ao imaginar os dolorosos maus tratos e padecimentos do noivo, sem poder ajudá-lo em minorar-lhe as penas. Ele é a única esperança e o único que pode fazer frente a seus pais. E então responde à mãe:

– Minha mãe, bem vejo que não me conheces... e no entanto sou teu filho... – fala o rapaz em tom jocoso. – Para chegar-se ao fim precisa-se de um meio. Não desconhecem ambos a simpatia e, confesso, o amor que nutro pela jovem baronesa. Agora que o maior obstáculo foi afastado, tenho que usar de diplomacia para lhe captar a confiança. Eis o porquê de parecer-lhes que defendo o noivo...

– Bem, bem, vejo que és astuto como teu pai – atalha o visconde Francisco, com um ligeiro sorriso de mofa a sobressair-lhe nos lábios. – Em verdade, pareceu-nos outro dia que estavas demasiado empolgado na defesa desse plebeu.

– Ora, meu pai – prossegue o colega de Carlos, fazendo um trejeito rápido –, talvez tenha errado ocultando-lhe minhas verdadeiras intenções, por achar prematuras minhas investidas na direção de Helena. Agora preciso levar-lhe a certeza de que o ex-noivo ainda vive, para ao menos obter-lhe a confiança.

– E quem nos garante que não estejam burlando a tua boa-fé, aproveitando-se de teus sentimentos para extorquir de ti informações secretas quanto ao paradeiro do preso? – refuta o visconde.

– Esqueces, pai, o quanto é orgulhoso o barão de Valois. Não bastasse a sentença perpétua, o escândalo em que foi envolvido com a filha é suficiente para pôr fim a qualquer pretensão de Giraud...

Se a jovem baronesa o ouvisse falar, tão convincente nas palavras e argumentos, por certo deduziria que ali não estava o jovem amigo sincero que a fizera acreditar em uma amizade fraternal e desinteressada, e sim um oportunista que, sem piedade, tripudiava dos seus sentimentos e sofrimentos.

Relaxando-se na poltrona, fisionomia impenetrável, voz segura, Marcelo afirma positivo:

– Sabes que correspondo plenamente às pretensões do barão. Tenho certeza de que me acolherá com as mesmas atenções anteriores. O pior é a filha... Tenho que ter muito tato, contornar a situação mostrando-me mais amigo, compreendes? Por ora tenho que esconder minhas verdadeiras pretensões. Estando ainda recente a tragédia que lhe envolveu o noivo, é justo que deseje informações sobre ele e, como nada lhe posso adiantar a respeito, evita-me sem ao menos cumprimentar-me. Garanto-lhes que se pudesse levar-lhe algo, alguma certeza de que o noivo ainda vive, por certo cairia em suas graças – arremata o primogênito dos Saint Moritz.

Ao final das palavras de Marcelo, uma gargalhada ecoa no recinto, e a senhora viscondessa, que atenta ao desenrolar da conversa mantivera-se calada, balda com a arrogância de seu porte e a prepotência que lhe assegura o devastador poderio que desfruta:

– Já sei... tudo isso que estás a dizer-nos é que procuraste antes ver o plebeu. Não conseguindo localizá-lo, julgaste-o morto...

– Não... não foi bem assim – mente o jovem. – Apenas queria certificar-me se ele vive ou não para melhor saber como conduzir-me com a jovem baronesa.

– Meu filho – prossegue a senhora, levantando-se e acercando-se de Marcelo –, quando o caso me interessa de perto, trato-o eu pessoalmente. Não poderia decretar a morte a esse vil plebeu enquanto restar um sopro de vida em tua irmã, porque, segundo tu mesmo o disseste, ela desgraçadamente o ama.

Faz uma pausa para que o pensamento volva ao passado e, como se um importante motivo a forçasse a agir de modo tão desapiedado, termina com mais altivez:

– Juro-te, serei implacável se ela morrer!

O visconde observa a mãe e surpreende-se ao pensar que de algum modo não lhe apóia as arbitrariedades. Vêm-lhe à mente então os instantes de palestras amigáveis tidas anteriormente com Helena, pontilhadas de bondade e condescendência, sua meiguice, seu espírito cheio de ternura que lhe conseguira abalar o imo até então vazio de sentimentos nobres. Procurara, para agradá-la, mudar sua forma de vida. Eis por que, ao invocar sua figura, seus serenos olhos azuis, intimamente lhe faz uma solene promessa: "Tudo tentarei, minha boa Helena, para merecer de ti ao menos um sorriso."

A mãe, ao vê-lo calado e julgando apoiar-lhe as palavras, retruca baixo, como se temesse que outros a ouvissem:

– Para saberes a senha, que só eu e teu pai conhecemos, preciso de tempo a fim de constatar se tu não nos trairás...

Dominando-se a custo para não delatar-se, o jovem argumenta em seu favor:

– A tua severa desconfiança, minha mãe, me magoa. Poderás dizer-me quando te traí?

– Sabes bem que se o fizeres não escaparás a um corretivo – responde-lhe de um sopro a senhora Margot.

Dando-se por satisfeito pelo que apurara, Marcelo, fazendo-se cordial, indaga pelo estado de saúde da irmã, pede licença aos pais e dirige-se a seu quarto, confabulando consigo o quanto lhe será difícil convencer a mãe a dizer-lhe o segredo da senha. Porém, com o pai, mais maleável, cansado do domínio prepotente da esposa e mesmo por ser dado a aventuras, já tendo ambos muitas vezes se encontrado em idênticas situações, com certeza quererá que a geniosa senhora continue a ignorá-las... Só terá que esperar encontrá-lo a sós. No mais, é questão de horas, separando o barão de Valois da cela sinistra do encarcerado Carlos Giraud...

11. Labirintos Amargos

A noite concede sempre refúgio à prática das coisas mais temerosas ou escusas, evitando-se assim testemunhas incômodas. Ajudando ativamente no tocante a localizar o colega preso, ao soar das doze badaladas, Marcelo sai em companhia do barão de Valois e do fiel ajudante deste, na calada da noite, quando a maioria dos habitantes dorme. A presença do irmão de Madalena garante aos companheiros de jornada sóbria tranqüilidade por ter ele acesso livre em todos os lugares, como também por não causar estranheza sua carruagem trafegar muitas vezes pela manhã na direção de casa.

Nas acomodações dos oficiais que servem diretamente em palácio, como nas do quartel, existem saídas dissimuladas desembocando em diversos pontos da cidade. Se o barão as conhece, também para o jovem visconde em parte não lhes são segredo.

Saindo do centro da cidade, preferem a entrada pela parte leste por lhes oferecer não só mais segurança, como maior discrição. Decorridos alguns longos minutos de viagem, defrontam-se com uma clareira de difícil acesso, de mata fechada, emaranhada de raízes, arbustos e ervas daninhas, local supostamente abandonado. Um dos carcereiros do dia, regiamente pago pelo jovem visconde, aguarda-os com um pequeno archote aceso. Introduzidos com certa dificuldade na disfarçada entrada, Marcelo recomenda ao barão:

– Ficarei aguardando-os. Não se demorem, evitemos surpresas inesperadas e desagradáveis para o próprio bem de Giraud. Se a mamãe descobre nosso serviço, não poupará suas represálias, ainda mais para quem nos ajudar.

O barão bate-lhe no ombro, em sinal de concordância, enquanto lhe responde:

– Procurarei ser breve. Não nos demoraremos.

Olha-o de frente e, embora as recomendações de urgência, não deixa de acrescentar:

– Meu rapaz, jamais poderei pagar-te os riscos que corres em ajudar-nos. O que mais me surpreende é sentir como mudaste. Estás mais compenetrado, senhor de si...

O jovem visconde ouve, cabisbaixo, sentindo-se como que bafejado pela paz e alegria interior que sentem todos aqueles que praticam o bem, mais ainda quando o fazem por amor, sem, em troca, nada pedirem. E argumenta, sério:

– Para ver sua filha feliz, se possível fosse iria ocupar o lugar de Giraud...

Ao ouvir as eloqüentes palavras do jovem fidalgo, o barão o encara sem nada responder-lhe; vira-se e segue o guia e a René, a caminho da cela fatídica. Em seus pensamentos, porém, passa a considerar: "Também ele, por amor a Helena, acredito, se pudesse não hesitaria em ocupar o lugar de Carlos Giraud. E no entanto, meu Deus, a nenhum de nós é possível tomar-lhe o lugar... Por quê? Por que, meu Deus?!..."

Para o barão de Valois, que ignora o bálsamo sacrossanto do Consolador, referido por Jesus-Cristo em seu sublime Evangelho de luz, perdia-se aí a sua indagação. Mas quem recebe dele explicações textuais sobre o porquê de tantas coisas é levado a agradecer ao Pai o manancial de consolo a nos socorrer nos embates da vida, renovando-nos a esperança, levantando-nos o ânimo, sustentando-nos a fé, gota de luz a clarear-nos o espírito nos tropeços do caminho, perpetuando em nós a promessa de que dias venturosos nos aguardam na pátria espiritual, vida e lar verdadeiros.

Assim, não é difícil responder por que não é possível, tanto ao barão como ao jovem visconde, ocuparem o lugar do encarcerado oficial. Podem, e é dever, ajudar ao máximo os semelhantes em suas atribulações e sofrimentos, mas nunca poderiam resgatar as dívidas por eles contraídas. Tal é a lei: "A cada um, segundo as suas obras."

Ao se abrirem as dobradiças enferrujadas da porta, Carlos sobressalta-se e aguarda silencioso, acuado num canto. O barão, que nada vê tamanha é a escuridão no interior da cela, conclama ansioso:

– Carlos... Carlos Giraud... estás aí?

Reconhecendo a voz do pai de Helena, ele precipita-se na direção da saída, esquecendo-se da pouca altura do compartimento.

– Senhor barão... como conseguiu achar-me, tão desterrado estou do mundo?!...

Lágrimas incontidas vêm-lhe aos olhos. Com as mãos, defende-se da tênue claridade do corredor. Ao constatar-lhe o descomposto semblante e o depauperado aspecto físico, pasma o barão de horror. Poucas semanas decorridas de seu enclausuramento, o oficial, barbado, cabelos desgrenhados, sujos, pálido e emagrecido dá a impressão de ter até diminuído de altura. Não desconhece o barão os sofrimentos físicos e morais impostos aos que ali são recolhidos. Tão esquecido fora que não lhe tiraram as divisas de oficial e, como tal, não poderia receber esse tratamento; no entanto, para o poder devastador da época, as divisas nada representam quando não se curvam diante do cetro real.

Procurando refazer-se do choque que lhe causa a figura deprimente do encarcerado, apressa-se o barão em responder:

– Não imaginas o quanto nos foi difícil aqui chegar. Sem a ajuda do visconde Marcelo de Saint Moritz nunca te teria encontrado.

Em rápidas palavras o barão o põe a par dos fatos que o impediram estivesse junto dele no nefasto julgamento. Em dado momento, retira do interior do paletó um envelope amarrotado e o entrega ao condenado.

– Esta carta de Helena é a resposta à tua. Como vês, está comigo há muito. Não quero amargurar-te mais, porém, é indescritível o sofrimento dela. Eu, que com minha fortuna pensava poder fazê-la feliz, vejo-me impotente diante dos desfechos ocasionados pelo destino.

– E... eu... que posso dizer dos sonhos que alimentei? Perdoe-me – articula o preso, pousando a mão na do pai de Helena –, se não a pude fazer feliz como desejei. Conto com sua ajuda para ajudá-la a esquecer-me...

Nessa altura o próprio barão sente-se profundamente emocionado, enquanto René deposita no interior da cela alguns pequenos embrulhos. Ambos, que estiveram sentados no tosco banco do carcereiro, põem-se de pé, arrematando o barão:

– Preciso ir. Trouxe-te cobertores e alguns alimentos. Deixo-te também algumas velas, que assim poderás ler a carta.

Uma interrupção significativa com o fim de traduzir em palavras o que lhe ocorre no pensamento:

– Preciso inteirar-te de que uma senha, por todos desconhecida, encerra tua vida nesta prisão, e que só a perspicácia de Marcelo, junto ao pai, facultou-nos encontrar-te.

Nos instantes em que ultimam a visita, Carlos não se lamenta, não se revolta, nada pede para si; num esforço insólito, em que as expressões entremeadas de visível amargura atestam o desespero que lhe corrói o íntimo, extravasa de uma vez:

– Marcelo é deveras um amigo... Agradeça-lhe por mim. Não o supunha capaz de tanto. Com o passar do tempo, quem sabe... possa vir a ser o seu genro desejado.

O pai de Helena permanece calado. Ultimamente lhe tem ensinado que posição, fortuna e nobreza nada podem diante dos imprevisíveis desenlaces do destino. Não mais tem o orgulho como sua principal obstinação. Todavia, para quebrar o momentâneo silêncio, o preso conclui penosamente:

– Um dia ela me esquecerá... Já que não a posso fazer feliz, que ele ao menos a faça...

Despedem-se com um abraço mudo. O detido oficial recomenda os pais, pedindo não lhes narrar seu triste aspecto e que os assista, encorajando-lhes o ânimo. Por sua vez, o barão oculta a Carlos o desalento que se abateu sobre a sua família, sendo sua mãe a mais atingida. Desde os dias subseqüentes ao doloroso julgamento, vem recusando-se a alimentar-se, prostrada por inconcebível sofrimento moral e depauperamento físico, já não se levantando da cama.

Ao cerrar-se a porta da cela, o primeiro cuidado do detento foi acender duas velas que lhe permitissem ler a carta da noiva amada. No papel, ainda ligeira fragrância de perfume, característica dos papéis-cartas dos nobres, destacando-se o brasão da linhagem a que pertence. E leu:

Carlos, querido meu.

Agora sei, não eram infundados os temores que por vezes se insinuavam em meu coração. Algo, que não sei bem definir, alertava-me o espírito como a pressagiar-me inditosos sofrimentos. Confiar em ti jamais deixei de fazê-lo e, se tudo aconteceu, acredito foi contrário à tua vontade.

O destino urde desfechos em nossas vidas que desconhecemos de onde provém tanta força que os tornam inevitáveis.

O que mais me atormenta e aflige é nada poder fazer em teu benefício, quando um poderio desumano e cruel atinge-te sem dó nem piedade, sem ao menos permitir-me compartilhar do teu infortúnio.

Como não poderei deixar de amar-te jamais, mesmo que todos os tribunais te condenem e que todas as aparências sejam contrárias à honra da qual és possuidor, só saberei viver amando-te e, se por te amar terei que sofrer, amo-te sofrendo e quero sofrer amando-te...

Com todos os tormentos que nos avassalam a alma, se saberes que amar-te é a maior felicidade que obtive da vida, sabe, também, que o teu amor, que sei só a mim pertencer, é a complementação desta felicidade.

Haja o que houver, amor, na vida e no sofrimento juntos, ou na morte, o nosso amor um dia há de triunfar soberano e puro sobre todos os sofrimentos e angústias.

Crê que, com toda a minha fragilidade de mulher, ser-te-ei sempre o porto seguro na confiança, na fidelidade e no amor que te voto; e sei que também tu me retribuirás por igual, hoje, amanhã e sempre.

Tenhamos fé em Deus, a Quem rogo incessantemente por ti. Possam minhas preces envolver-te em paz e resignação, com o afetuoso abraço e terno beijo que te envia

Tua noiva Helena.

Quantas e quantas vezes o infortunado detento leu e releu aquela carta só Deus o sabe ao certo, ratificação de um amor sincero na alegria ou na dor, e só ele, o amor, com sua força sobrenatural quando verdadeiro, pode suavizar os sulcos profundos que o sofrimento fizera naquela alma;

mas a verdade é que, por fim, já sabia a carta de cor, tendo-se o alvo papel tornado sujo e amarrotado. Contudo, foi a gota do remédio salutar na ferida da alma do prisioneiro. A noiva querida não o abandonara, confiava em sua palavra e testemunhava-lhe amor sincero. Foram aquela carta e o pensamento mais voltado para Deus que ensejaram ao exilado nas noites contínuas o suave raio de sol a revigorar-lhe o espírito abatido.

Em uma cidade como Paris, em que as contendas, os escândalos, tramas e revoltas sucediam-se a cada instante, novos fatos fizeram com que a tragédia em que se viram envolvidas três famílias de categorias diferentes fosse logo esquecida...

Aos poucos os parentes, amigos e conhecidos mais chegados foram voltando à normalidade, mesmo porque, para a família mais atingida, a dos Girauds, pouco se podia fazer de maneira a lhe atenuar o sofrimento.

A mãe do inditoso militar, ao sentir a gravidade das acusações e sem ter como socorrer o filho, entrega-se à completa inércia, num silêncio de revolta incontida a que são levadas as criaturas após passarem por golpes considerados fatídicos em suas vidas, e sem que lhes ocorra que esses sofrimentos são imprescindíveis à evolução do espírito. Ninguém sofre sem justa causa, e o amor de mãe, que não mede sacrifícios nem meios, para impulsionar o seu 'eu', aquiesce em reencarnar a fim de ajudar a evolução do seu espírito afim.

A senhora Giraud, tendo educado o filho com uma conduta pouco viável na época, era, porém, como a maioria das criaturas, aferrada a preceitos religiosos que só lhe permitiram ver o que a vida material proporcionava em função do que a sua religião pregava. Daí não entender por que, tendo tido o filho sempre conduta correta, justo ele era atingido de forma tão esmagadora e cruel!... Em seu raciocínio não encontrava justificativa para o impiedoso golpe que o destino reservara ao seu coração de mãe. Acatara sempre as normas religiosas, fazendo a caridade e ajudando ao máximo o próximo, no entanto, o futuro lhe reservara somente lágrimas, sofrimentos e injustiças!...

Por mais que a filha e o marido lhe oferecessem palavras confortadoras e de resignação na intenção de minorar-lhe o desespero, simplesmente a tudo repelia dizendo ter sido esquecida por Deus, pois sabia o filho inocente e encarcerado, enquanto algozes e criminosos viviam à solta, no apogeu da vida e da glória.

Ainda hoje, em que temos as páginas do divino Consolador traduzindo o Evangelho do Senhor Jesus com mais ênfase e clareza, dissipando dúvidas, elucidando pontos, respondendo a quesitos obscuros, enfim, um manancial sublime a desvendar-nos todos os porquês, encontramos não obstante criaturas fechadas em traumas e revoltas por se julgarem injustiçadas perante a sábia e misericordiosa lei de Deus...

Uma sombra de tristeza abatera-se sobre o suntuoso palácio dos Valois, decorridos aproximadamente seis meses do trágico acidente. Da única herdeira de diversos títulos, descendente que é da mais alta nobreza do país, não mais se ouve o riso cristalino. Somente o semblante exprimindo o sofrer que lhe vai na alma. Permanece tristonha e sem viço. Nas visitas clandestinas que o pai faz ao noivo preso, pede-lhe para acompanhá-lo, no entanto, pressentindo que, além das dificuldades da empreitada, isto virá certamente causar-lhe forte abalo, o barão faz uso de sua tão conhecida energia e mostra-se irredutível às pretensões da filha. O máximo que pode fazer é ajudá-lo às escondidas, subornando os 'fiéis' servidores dos Saint Moritz, que provavam deste modo seu poder e força junto à corte real.

Que grau de amizade e mesmo de intimidade ligava a corte real aos viscondes de Saint Moritz para usufruírem tão alto privilégio e força?

Muitos reis chegaram a reconhecer como seus os filhos bastardos ou proclamados legítimos na hora da morte. Geralmente esses filhos viam-se, porém, impossibilitados de conviver na corte; eram afastados com altos dotes, propiciando, a quem lhes era confiada a tutela, fortuna, título de nobreza e toda sorte de benesses. É bem verdade que muitos correram riscos de vida, e chegaram até mesmo a perdê-la, quando representavam empecilhos aos sucessores do trono e estes tomavam conhecimento do fato.

Circulava nos corredores do palácio que justamente Madalena de Saint Moritz era o fruto de um desses romances. Entregue aos condes em decadência monetária, receberam um título mais elevado, além de fortuna e a regalia de desfrutar da intimidade real. Por ter sido justamente ela a atingida, mantinham-se os viscondes no acérrimo empenho de punir o culpado pela tragédia que a envolvera.

Em seu faustoso palácio, a jovem viscondessa, declarada pelos eminentes médicos ter diminutas esperanças de sobrevivência, debatia-se entre a vida e a morte, deixando a todos suspensos, na expectativa de um desenlace ou, no mínimo, uma demorada recuperação. Seu estado clínico não se definia e as controvérsias apresentadas não permitiam aos facultativos que a assistiam um diagnóstico preciso. Havia momentos em que o pior parecia ter sido superado, mas, decorridos alguns dias, ei-la de novo com crises incompreendidas pelos médicos, deixando-os atônitos. A moça debatia-se, como se mãos invisíveis a puxassem e gritava frases sem nexo:

– Deixem-me...! Soltem-me, vampiros malditos...! Não me suguem o sangue...!

A palidez mais se acentuava, como se o sangue de fato desaparecesse de todo o seu corpo. O curativo, dando impressão de que mãos invisíveis o arrancavam, desprendia-se do ferimento e o sangue escorria, obrigando os médicos perplexos a se precipitarem a socorrer a doente. Não sabiam a que atribuir esses acessos. Chamado o padre, ele rezara, dera a extrema-unção, mas Madalena, como se ali estivesse apenas ligada por um tênue fio vital, nada percebia nem sentia. Alimentada artificialmente, vivia inconsciente do mundo físico. Seu espírito, nesses meses, subjugado por uma falange hedionda de obsessores, pelejava ferozmente na ânsia de fugir aos perseguidores implacáveis, que não lhe permitiam um minuto de descanso.

– Vai-te, medonho... solta-me... não me tortures mais...

– Não posso... tenho sede, sede de sangue... de vingança – respondia-lhe o obsessor. – Tu já a tiveste, deixa-me beber o teu para saciar a minha.

– E eu – dizia outro – também tenho direito. Olha como do meu peito aflora o rubro sangue que a espada da mãe assassina fez jorrar. Ela... ela foi a mandante...

Para a jovem viscondessa era como se estivesse vivendo um pesadelo cruel. Sentia-se como em plena vida, mas não sabia o que fazer para livrar-se da horda terrível de obsessores vampirescos. Quando as forças lhe permitiam, debatendo-se conseguia fugir em meio às gargalhadas e aos grunhidos mais tenebrosos. Via-se a correr pelas ruas da mesma cidade, mas um tanto diferente. Uma força estranha a impulsionara para o palácio real. Nele, que às vezes lhe parecia desabitado, um silêncio tumular não correspondia em nada ao regurgitar de pessoas que lhe eram peculiares; ao contrário, trevas e sombras densas o envolviam, transformando-o num túmulo grandioso e dantesco. De repente, as sombras começam a mexer-se. Aves de rapina as mais horrendas a abocanharem pedaços de corpos fétidos e sem saber de onde vinham, como se todo o túmulo se transformasse numa negra onda de vampiros, todos querendo ao mesmo tempo beber-lhe o sangue de um único orifício. O resultado era sempre o mesmo: voltava a jovem à vida real, extenuada, exausta, com ar apático, incapaz de raciocinar, banhada de um pastoso suor.

A que se atribuir a resistência em viver da enferma viscondessa, vítima de terríveis perseguidores, que, desde a idéia do suicídio até aquele momento, oscilava entre a vida e a morte, desenganada que fora por inúmeros médicos? O próprio rei dera o caso como perdido, diante dos fatos ocorridos, incompreensíveis para a ciência médica.

Para as vistas materiais, era um caso inexplicável. Em realidade é que cada um julgava dentro de seus conhecimentos, mas longe estavam da exatidão da verdade. O que acontecia a Madalena de Saint Moritz é que, mesmo ainda encarnada, começava a sofrer os abalos psíquicos a que estão sujeitas todas as criaturas endividadas com as leis sábias e justas do Supremo Criador. Ao passar pela alta magistratura, que sua descendência real lhe outorgara como rainha de França, vira-se imbuída de um amor maternal intemperado que a levou a cometer erros sobre erros. O negativismo predominante da corte não permitia aos que a cercavam vissem nada além do ódio, da satisfação por vinganças, da cobiça de ouro, da avidez de riquezas ou da sede de poder. Para atingir a um fim, não escolhiam meios, nada os detinha, a ninguém temiam. De tal forma se viu ela enrodilhada em tramas e maquiavélicas maquinações que acabou sendo arrastada à sua malfadada sentença, em uma das noites de maiores horrores para toda a cristandade. Tal qual no início do século, uma multidão inconsciente, "que não sabia o que fazia", levava ao martírio e à crucificação Nosso Senhor Jesus-Cristo!... E um só brado aos céus se elevou, que ecoaria através dos séculos: “Que caia sobre nós e nossos filhos o sangue desta morte!”[2]

Para a história de seu país, onde o nome da incauta rainha consta como uma das mais desalmadas e cruéis, ficou de sua responsabilidade a noite em que um ‘imprevisto’ fez a multidão em um só brado elevar aos céus o nome do Senhor Jesus, quando, em testemunho de sua fé, ao ser sacrificada, desta feita tinha ela a convicção de ser o meigo rabi da Galiléia o verdadeiro e unigênito Filho de Deus!...

Assim, ‘imprevisto’, ‘acaso’, ‘coincidência’, não existem na lei do Pai, que rege todo o Universo com sabedoria e justiça, confirmando as palavras do Mestre de que “todos os cabelos de vossa cabeça estão contados e nenhum cairá sem que seja permitido pelo Pai”.

Considerando que na invigilância do seu espírito imaturo contraíra a desditosa rainha dívida perante as leis de Deus, recebeu ainda, dentro de Sua inesgotável misericórdia, a ajuda do Alto para que, angariando forças, se desse por meio do amor sofrido o seu despertamento e desejasse seguir novos roteiros em porvindouras encarnações, com duras provas e expiações a lhe proporcionarem condições de adquirir novas vestes para o espírito claudicante. Amparada como todos pelos servidores do Cristo, dar-se-ia sua ascensão para o Bem maior.

A jovem viscondessa, malgrado a horda de obsessores, recebia não apenas as preces de Helena de Valois, irmã no Cristo a quem se uniu para sempre, como também a assistência do seu guia tutelar, com vistas ao burilamento do diamante que era a sua alma, necessário se fazendo que o buril a desbastasse em profundidade e com maior rudeza.

O vagar da jovem semimorta pelas zonas umbralinas – ou, como são chamadas vulgarmente, pelo ‘inferno’ – era para que ao despertar retivesse no subconsciente a lembrança indelével do sofrimento sentido naquele lugar a fim de que se manifestasse nela a vontade de desprender-se dos miasmas nefastos que a vinculavam aos espíritos comprometidos. Para limpá-los seriam precisos a lágrima benfazeja que lava e balsamiza, o sofrer que em sua profundidade purifica e redime, a dor bendita que eleva e vivifica, e o serviço do bem que enobrece e ilumina...

[2] Mateus 27,25.

12. Esperanças Fugidias

A vida corria seu curso normal a que está sujeita toda a população de uma importante cidade como Paris. O oficial Carlos Giraud, relegado ao esquecimento por sua modesta posição social, consumia-se na prisão. A jovem viscondessa, tendo embora mais espaçadas as crises, continuava com seu estado de saúde estacionário. Quanto à jovem baronesa, atingida sobremodo pelo sofrimento moral, valia-se do grande baluarte ao alcance de todos, que é a oração, para não só aliviar seus padecimentos, como o dos que lhe estavam vinculados.

Quando em palestra com Marcelo, exprimiu a vontade de visitar-lhe a irmã enferma. No fervor de sua fé religiosa, pois, segundo Jesus, "a fé remove montanhas", alçava sempre aos céus preces em favor da doente impassível.

Para os familiares do jovem visconde, a visita não causou estranheza, já que o supunham em graça com a jovem fidalga, e o rapaz, discreto nas indagações sobre o preso, deixara a mãe à vontade, a qual não se preocupava com o que julgava ser uma visita de rotina; aceitou portanto a presença da moça como prosseguimento de amizade entre os dois.

Afastado o reposteiro da luxuosa cama de Madalena, sua figura abatida dava a nítida impressão de morte. Somente o pulso fraco e a ligeira respiração denunciavam vida naquela porção de matéria. Como que intuída por forças superiores, Helena senta-se no leito, segura a mão da moribunda denotando transmitir-lhe seu calor e, em sentida prece, implora a Deus permita o restabelecimento daquele corpo há tempos enfermo. Em seguida, enxugando o suor, passa-lhe várias vezes a mão na testa, num gesto de espontânea carícia. É inegável a força que tem a prece, ainda mais quando feita com sentido amor em favor de alguém necessitado. Em seu lar, não se esquecia a jovem baronesa de orar pelo noivo enclausurado, como também em favor da rival a debater-se na enfermidade longa e dolorosa. O sentimento de piedade de que foi acometida pela doente a fez rezar com mais fervor e compaixão. Abria-se, assim, uma brecha dando passagem à luz que do Alto atinge os centros vitais da desenganada, e seu espírito, com a ajuda de seu guia espiritual, finalmente vence os agentes do mal que a vinham fazendo sofrer material e espiritualmente.

Advindo poderoso fluido magnético a vitalizar-lhe o organismo, Madalena expele um fraco suspiro, mexendo-se vagamente no leito. Sente-se como bafejada por um refrigério que, fortalecendo seu espírito, se transfere a seu corpo.

O jovem visconde, que a tudo assistia em contemplação muda, vê-se mais atraído pela personalidade marcante da prometida do oficial preso, ao analisar que Helena, olvidando o quanto sofria por culpa da visitada, não entendendo o poder do magnetismo benéfico que ela transmitia à jovem viscondessa, via somente o quanto de bondade aquele coração abrigava, sem mágoas e sem rancores.

A visita rápida, de poucos minutos, foi suficiente para que, paulatinamente, nos dias subseqüentes, se notasse a doente mais calma e, contrariando as previsões médicas, surpreendia a todos, que julgavam ter acontecido um milagre inexplicável à razão e à compreensão dos facultativos.

Com um fraco vagido, movendo-se e dando mostras de lucidez, Madalena percorre o olhar pelo aposento, detendo-se na enfermeira que passara a noite a seu lado. Acha-se exaurida, demonstrando total fraqueza, não obstante, vê-se cercada de todo o conforto e assistência.

– Que me aconteceu?... – indaga a fraca voz.

– Não consigo... lembrar-me... de pronto.

– Por favor, não faça esforço – responde a acompanhante. – A senhorita sofreu um acidente e encontra-se muito fraca.

Ao ouvir a palavra 'acidente', a doente estremece, se lhe reaviva a memória e, aos poucos, recorda o transe por que passara. Ao lembrar-se do jovem oficial, desconhecendo seu próprio estado de extrema fraqueza, tenta gritar com a autoridade que lhe é conhecida:

– Onde está a ama?... Quero me vestir... preciso sair...

Unindo o gesto à palavra, procura levantar-se, mas antes que consiga firmar-se em pé, dobra-se sobre si e cai no chão. Reposta no leito pelos criados, acorrem os pais e o médico de plantão, prestam-lhe os socorros necessários, porém, como se uma força sobrenatural a dominasse, vocifera com as poucas forças que lhe restam:

– Que aconteceu a Carlos?... Preciso vê-lo... quero vê-lo. Levem-me a ele!...

Vê-se possuída de tal agitação e rebeldia que se torna difícil a aplicação de qualquer medicamento.

– Não há doença que me impeça de vê-lo. Levem-me a ele ou tragam-no aqui. Quero sabê-lo bem.

Os pais entreolham-se e, com o intuito de acalmá-la, falam sem convicção:

– O oficial está bem – diz a senhora. – Não te preocupes. Tu, sim, estiveste muito mal.

– É verdade, filha, muito nos preocupaste. Trata de ficar boa – complementa o visconde por sua vez.

A moça não desconhecia os meandros de sua origem. Como tinha de um tudo, fazia o que queria, não se perturbava diante dos murmúrios sobre a sua filiação, mas, na sua acuidade, sabia ser ela a fonte a proporcionar aquele fausto em que viviam. Conhecendo a ambição dos pais adotivos, o apego ao luxo e à vida ociosa com que a corte os distinguia, em contraste com a falta de puro sentimento e dedicação que os verdadeiros pais dedicam a seus filhos, deduziu que uma grave punição deveria ter acontecido ao militar. Via-se possuída de um amor imaturo, obstinado e impetuoso que, somente com o perpassar das vidas conseguiria senti-lo no seu todo de sublimidade. O amor puro e sincero requer doação, renúncia, sacrifícios constantes. Eleva-se e conquista-se através das inúmeras facetas apresentadas pela vida. E o glorificamos quando, na espiritualidade maior, o colhemos em comunhão com a alma afim. Ei-lo, então, abençoado por Deus e perpetuado na eternidade!

Pensando o que poderia ter acontecido àquele a quem amava e por quem quisera morrer, esforça-se ao sentir as últimas forças a se lhe esgotarem e ordena, ao abandonar-se à vertigem:

– Marcelo... chamem Marcelo... quero ver Carlos...

Os viscondes compreendem, de relance, que para acalmar a filha terão que fazer qualquer coisa em relação ao preso. Sendo totalmente impossível levá-la a ele, o mais fácil e viável é trazê-lo à sua presença. E para isso dão-se pressa em providenciar uma ordem de soltura. Com a mesma rapidez com que forjaram o julgamento, a libertação do oficial é providenciada.

Diante da neutralidade do jovem visconde, chamado que fora às pressas ao quartel, é ele o incumbido de parlamentar com o encarcerado. Caso aceite ver a irmã, tem a promessa de que, momentaneamente, ficará detido sob vigilância em casa e, cooperando para seu restabelecimento, há uma alusão de liberdade completa no futuro. Nada fora mencionado em relação à sua reintegração no posto que ocupara e posterior desagravo, vendo proclamada sua inocência.

Nas visitas noturnas, às ocultas, em que acompanhara o pai de Helena, Marcelo ficara à espreita, não penetrando no interior dos sinistros corredores que formavam a tétrica prisão e nem chegando a avistar-se com o enclausurado.

Ao pensar que dentre em pouco se defrontaria com ele, invade-lhe um receio de como sairá da missão que o levava ao inesperado encontro.

Decorridos longos minutos para que os elos da engenhosa prisão fossem destruídos, mediante a carta com instruções abonadas pelo sinete real, vêem-se os dois antigos colegas frente a frente, em situações tão diferentes quanto caóticas...

Em face do seu estado precário de saúde, o oficial chega a uma das dependências superiores da detenção amparado por dois carcereiros. Não obstante a ajuda que tivera, não lhe bastasse a rígida friagem da cela, acrescida pelo frio rigoroso da estação, adquirira dores pelo corpo, sobretudo nas juntas ósseas. Uma dormência nas pernas dificulta-lhe o caminhar, devido ao período passado sem poder andar e a pouca altura do cubículo. O irmão de Madalena apressa-se em ampará-lo, leva-o a sentar e providencia algo quente e reconfortante. Ao testemunhar-lhe a aparência debilitada, espera a fim de começar a entrevista. De pé, enquanto Carlos bebe um reconstituinte, o visitante passeia pelo acanhado aposento, sentindo o quanto em certos casos são fracas as expressões, todavia, consciente de que não participara daquele decaimento moral e físico, coopera para suavizar-lhe as agruras e ensaia as primeiras palavras, não ocultando o constrangimento que o disforme exterior do colega lhe causa:

– Giraud, não sei bem como começar, mas digo-te que venho conversar contigo em nome de meus pais. Eles te enviam uma oportunidade de saíres daqui, mediante tua colaboração na recuperação de Madalena.

Dito o mais importante de uma só vez, Marcelo pára em frente do detido que, encarando-o, aproveita a pausa para falar:

– Visconde Marcelo, fui informado pelo barão de Valois de tudo quanto fizeste e os riscos que correste para auxiliar-me.

Uma pequena interrupção se faz pela escassez de forças do oficial sentenciado, que acrescenta por fim:

– O farrapo humano a que estou reduzido impede-me de ficar de pé e abraçar-te, e as mãos sujas de apertar as tuas para exprimir toda a minha gratidão...

O ser humano, deixando-se levar muitas das vezes pelos prazeres mundanos, aferra-se ao materialismo, relegando a segundo plano as aquisições espirituais, no entanto, ao ver-se pressionado pela dor ou pelo amor, oferece ensejo a que nobres sentimentos venham emoldurar-lhe o espírito. O jovem visconde, que anteriormente agira de forma leviana, acobertado não só pelo título de nobreza como pela satisfação que sentia de diminuir quem lhe julgava inferior, acerca-se do infortunado oficial, estende-lhe a mão e, curvando-se, abraça-o sem resquícios de escrúpulos ou fingida sinceridade.

Explicados e debatidos todos os pormenores da proposta dos Saint Moritz, o preso recusa-se a visitar a criatura culpada de toda a sua desdita:

– Como queres que acredite em tuas palavras se partiu dos teus a trama diabólica e torpe para destruir-me?

– Sabes que não tomei parte nessa trama – objeta o mediador – e, por isso, peço-te que venhas ver Madalena. Com a tua presença, ela poderá recuperar-se de todo e só ela te poderá salvar com suas declarações.

– Não sei... Marcelo, se o que me propões é uma graça dos céus ou se me aguardarão novos padecimentos... – responde Carlos

– Não tenhas dúvidas de que ela não permitirá que sejas punido, nem mesmo se culpado fosses.

Os argumentos de Marcelo deixam o preso entrever uma leve esperança de futuramente poder provar sua inocência e reabilitar-se; todavia, tem receio de que, no contato diário com a enferma possam surgir novas, imprevistas e desagradáveis situações. Teme que sua presença, trazendo à jovem benefícios físicos, possa prejudicá-lo moralmente, o que o deixa indeciso em decorrência da tragédia.

Atinando com a indecisão do colega, Marcelo levanta-se da tosca cadeira e diz-lhe, pousando-lhe a mão no ombro:

– És um homem corajoso. Ao teres uma oportunidade de saíres deste inferno em vida, hesitas, quando eu já o teria aceito sem relutância.

– Já me conformei com meu destino. Em breve terei a bênção da morte e, diante do inevitável, não há o que se fazer, senão resignar-me. O que me preocupa – prossegue o detido – é se poderei agüentar novos sofrimentos, se porventura surgirem...

Todavia, o jovem visconde não era homem de render-se facilmente; dá alguns passos pelo apertado aposento, pára em frente do sentenciado, que lhe seguia os movimentos com as vistas, e de modo a fazê-lo sentir pelas palavras que estava a terminar a entrevista, conclui:

– Giraud, compreendo as tuas apreensões, mas... o que não entendo é que, se dizes amar Helena de Valois, não pensas o quanto ela sofre e... sobretudo tua mãe. O sofrimento abateu-a de tal forma que não mais se levanta. Se o barão ocultou-te o fato, foi para que não sofresses mais.

Ao ouvir a comunicação, Carlos, esquecendo-se de seu precário estado físico, faz menção de levantar-se impetuosamente, mas, diante das dores nos membros, cai sentado na cadeira. A seguir, deixa-se levar para a primeira higiene nas dependências da prisão. Horas depois, escoltado, a carruagem dos Saint Moritz o deixa em sua residência.

Incapazes são as expressões e fracos os adjetivos para falar do verdadeiro amor de mãe. O primogênito dos Saint Moritz tivera o cuidado, através de mensageiro, de avisar ao doutor Giraud do novo rumo que tomara a vida do filho. Ele preparara o espírito da esposa que, enfraquecida no leito, só acreditou quando um abraço efusivo e demorado, tocado do mais profundo afeto, uniu aquelas duas criaturas vergastadas pelo sofrimento. Por sua vez, o rapaz constatou o quanto de sofrimento a tragédia impusera aos seus, principalmente à sua mãe, que, envolvida pela emoção do reencontro, deixa escapar em voz alta, entrecortada de soluços:

– Meu filho!... Vem a meus braços. Pensei... que não iria ver-te mais...

Os soluços a sacodem e misturam-se aos do filho; o pai, presto, ocupa-se dele, enquanto a irmã atende à mãe.

Eram evidentes os sinais dos meses passados no tétrico cárcere. O ex-adestrado cavaleiro precisaria de algumas semanas para estar em melhores condições de locomover-se. Passadas as expansões naturais da família, Carlos recolhe-se ao seu quarto. Olha tudo o que o cerca, incapacitado de acreditar que não vive um sonho, liberto da cela tumular. Mira-se no espelho dependurado à parede. Hoje é apenas uma pálida sombra do oficial robusto e garboso de outrora.

Desde que tornara a si, Madalena revela constante impaciência para ver o oficial. Às perguntas feitas sobre ele recebem respostas dos pais e do irmão que não a satisfazem. Sabendo do estado deplorável do rapaz, pedem-lhe que faça uma carta na tentativa de acalmá-la, justificando perante a moça que ele se encontra em missão real longe dali, impossibilitado de vê-la imediatamente. Com dificuldade, Carlos consegue escrever. A letra trêmula, em alguns pontos, não oferece as mesmas características, pelas dores sentidas nos dedos. E a carta, ao invés de serenar a jovem, que nota a divergência na caligrafia, mais a espicaça e ela chama aos berros pelo irmão que, atendendo ligeiro ao chamado, é interpelado:

– Marcelo, dize-me a verdade... Esta carta foi escrita por Carlos, ou... forjada por algum dos muitos falsificadores que por aí pululam?!...

– Sim, foi Giraud quem a fez. Por que duvidas?

– Está muito diferente da letra dele, que conheço bem. Incerta, vacilante a assinatura, mais parece ter sido feito por um maneta...

Nesse ínterim, os pais, vendo o alvoroço da filha, também acorreram, chegando no exato momento em que o irmão, para convencê-la, narra parte da verdade:

– A verdade é que, no momento, ele está acamado, impossibilitado de vir ver-te. Uma doença adquirida nos ossos o fez escrever assim, mas dentro de poucos dias ele aqui estará. Dou-te minha palavra.

A enferma, os olhos cravados em Marcelo, bebia-lhe as palavras, desejosa de acreditar nele, que sempre lhe dedicara estima; porém, pensamentos contraditórios vasculhavam-lhe o cérebro. A senhora viscondessa adianta-se com o intento de ratificar o que dissera o filho:

– Teu irmão diz a verdade. Onde foi designado a servir, como pequena punição, o oficial Giraud contraiu essa doença.

Madalena concentra sua atenção nas palavras da mãe que, mostrando-se firme, sem vacilar afasta a vista da moça para alisar-lhe as cobertas, acrescentando:

– Embora teu irmão nos tenha dito que o amavas, não poderíamos crer nas deslavadas mentiras com que ele se acobertou.

– Ah!... Eu bem que suspeitava de que não o deixariam sem punição – atalha a jovem. – E que mentiras foram essas que ele disse?

A conversa tomara um rumo que não era a intenção de nenhum dos presentes, mas a sagacidade da doente armara-lhes uma cilada na qual se viram impotentes de recuar diante do imprevisto. Temerosa da reação, a senhora complementa de um sopro:

– De que... tu mesma apontaste a pistola para o teu coração, tentando o suicídio...

O olhar perscrutador permanece fixo na senhora Margot, no intuito de descobrir até onde se estende a punição à criatura amada.

O medo do pior a enregela; tenta soerguer-se apoiada nos cotovelos, mas a debilidade física é maior que a vontade. Deixa-se cair e, em voz fraca, sentindo o efeito do esforço e a emoção da palestra, fala, desfazendo todas as dúvidas de então:

– Ele não mentiu. Eu... queria de fato morrer e tentei matar-me com minhas próprias mãos...

Volvendo ao passado, dá-lhe vida através da mente, prosseguindo lentamente:

– Comecei tentando tirá-lo de Helena de Valois pelo simples prazer da disputa e da conquista... Depois, recebi dele tantas grosserias e humilhações que cheguei a odiá-lo, se não o tivesse amando sem saber... Desejei vê-lo, também, humilhado aos meus pés, mas a convivência encarregou-se de mudar meus propósitos e senti que o amor por ele crescia tanto quanto a admiração. Ele, percebendo a situação e amando a baronesa de Valois, tentou afastar-se de mim, falou-me lealmente que não poderia amar a nenhuma outra... Eu, no entanto, não me rendia. Quanto mais o conhecia, mais o amava. Não me conformava em perdê-lo e, quando o barão deu o consentimento para o casamento, eu me desesperei.

Intervindo, o visconde apela, solicito:

– Filha... não te atormentes relembrando o passado. Descansa agora...

Não lhe dando ouvidos, Madalena continua:

– Planejei tudo. Queria vê-lo preocupar-se comigo, senti-lo perto de mim, nem que fosse na hora da morte...

O peito arfa, os olhos, nublados de pranto, não a impedem de arrematar:

– Se... o condenaram à morte, punindo-o quando era inocente, eu lhes digo... tão logo tenha certeza disso, eu o seguirei...

Os pais, amedrontados, entreolham-se e em seguida providenciam um sedativo para a enferma. As elucidações da jovem em torno do acidente os deixaram pasmados. Por um lado, ficou positivada a inocência do oficial, injustamente preso; por outro, a confirmação dela no sentido de renunciar à vida por ele.

Com a dose do remédio aumentada, conforme o critério médico para os momentos de crise, logo depois Madalena dorme um sono profundo e prolongado. Os viscondes, preocupados, passam a considerar como poderão solucionar o paroxismo da paixão que acomete a filha. Ainda bem que Carlos Giraud vive e poderão como sempre contar com a ajuda do poderio real.

Recebido pelos viscondes de Saint Moritz, depois de discretos cumprimentos, Carlos Giraud é conduzido à presença da enferma. O encontro reveste-se de uma cena patética para ambos. Se ele não desconhecia o estado melindroso da jovem, tendo suas visitas o principal objetivo de atraí-la à vida, ela, que unicamente conhecia parte da verdade, sente ao vê-lo uma profunda comoção. Destarte, seu raciocínio a leva a compreender como se cumprira exatamente a punição.

Ao tentar contra a vida, Madalena desejara a piedade dele, que seus olhos se voltassem para ela, ao menos na hora final. Se ela sofreu e esteve no limiar da morte, a culpa foi exclusivamente dela, mas jamais imaginou que, ao praticar o impensado ato, pudesse atingir a quem devotava tanta afeição.

Apoiado a uma bengala, o jovem oficial, alquebrado, pára à sua frente. Encontrando-se recostada no leito, semblante abatido, ela estende-lhe a mão e fala terna:

– Carlos... enfim te vejo. Como estás?...

Com um gesto indica-lhe uma poltrona ao lado da cama e prossegue:

– Senta-te aqui.

Ele adianta-se, beija-lhe cortês a mão e nada responde. Uma torrente de palavras entrechocam-se diante do nervosismo e da emoção da jovem viscondessa, ao constatar a deplorável condição do antigo cavaleiro.

– Meu Deus!... Que te fizeram... onde te prenderam?...

Diante do silêncio do visitante, ela afirma, pesarosa:

– Só pode ter sido nas celas dos condenados à morte. E... a culpa é toda minha, não pensei o quanto te poderia ferir ao praticar tal ato...

O molestado oficial, diante das ininterruptas expressões da doente, deixa que ela continue a externar-se. Não lhe ocorrem termos capazes de exprimir o que realmente se passa em seu interior. Ali está, subjugado por uma ordem, em obediência ao poder que provém de um ser humano e que não só lhe abatera o físico, como moralmente o ferira.

Vendo-o tão calado, a quase suicida compungidamente murmura:

– Sei que é difícil me perdoares, mas não deves ignorar que estive todos estes meses ausente da vida e desconhecia a tua situação... Por Deus, Carlos... dize que me perdoas...

O excesso de esforços e do abalo moral exigem demais do estado precário da doente, obrigando-a a cair extenuada sobre os travesseiros. O oficial aproveita para então articular suas primeiras palavras:

– Não te agites tanto, Madalena, do contrário teus pais chegarão à conclusão de que minha presença, ao invés de ajudar-te, prejudica-te...

Com a voz lacrimosa, não levando em conta a advertência do rapaz, ela prossegue:

– Se já não me suportavas antes, hoje... naturalmente... apenas te causo ódio e desprezo...

Justamente enquanto Madalena falava, ele analisava, agora que se via diante da principal causadora do infortúnio que sobre si se abatera, e perguntava a si mesmo, vendo-a desfigurada, esquelética e envelhecida: não seria ela mais digna de pena do que julgá-la como algoz fútil e desapiedada? Ali estava ela, pior do que ele, mais parecendo um amontoado de ossos revestidos apenas de pele, do que mesmo um ser humano. Pausadamente, dando a entender conformismo absoluto, balbucia em resposta:

– Não te atormentes pelos imprevistos que o destino nos preparou às ocultas. O perdão que me pedes, por certo virá de Deus, restituindo-te a saúde. Não pelo que passei, mas pelo gesto impensado que ias praticar em nome de um amor insano.

A moça ouve-o, observando-lhe o rosto macilento, exprimindo angústia.

– Como vês – continua ele –, hoje estou reduzido a um traste, porém não te odeio como imaginas.

Uma momentânea suspensão e completa:

– Se os padecimentos me enfraqueceram o corpo, a alma sinto-a mais forte...

Nenhuma pessoa interrompera a visita, somente o mordomo trouxera-lhes o chá, servindo-lhes. Nesse intervalo, Carlos coordena os pensamentos para melhor fazer-se entender pela jovem em recuperação:

– Como sabes, doravante virei visitar-te amiúde; só te peço benevolência e compreensão. Adquiri uma doença nas pernas que ainda me dificulta o andar; no mais, não te preocupes. Espero, sim, ver-te breve em perfeita saúde.

A voluntariosa jovem nada pergunta sobre seu noivado. Sequiosa de notícias, informaram-na os pais de que, após o acidente, tendo em vista as sérias conseqüências que acarretaram ao oficial, o noivado não chegara a consumar-se e não mais se falara a respeito, estando o irmão em firme amizade com Helena de Valois. Nessa ocasião ela é posta a par da visita que a jovem baronesa lhe fizera.

Com o fim de manter calma a irmã, Marcelo confirma a versão dos pais e Madalena, ao certificar-se do que realmente ocorrera com o oficial, tira suas deduções e imagina que, tendo em vista o escândalo que o envolveu, o barão, orgulhoso como sempre, se opusera ao enlace da filha com um plebeu, agora, além do mais, sentenciado e desmoralizado. O que a jovem viscondessa ignorava é que, tal como aconteceria com ela através do amor sofrido, que haveria de dar novo rumo a seu espírito, em busca do verdadeiro caminho, ele, o antes orgulhoso barão Henrique de Valois, diante do profundo sofrimento da filha, já não se aferrava aos preconceitos de antes. Essas deduções fazem nascer no espírito da enferma a esperança de que ele se ache livre, desfeito o compromisso. Precisa fazer-se perdoar e recompensá-lo de tudo quanto sofrera por sua causa.

Nessas suposições fala, em meio à palestra:

– Carlos, não imaginas o quanto me fazem feliz tuas palavras. Vem ver-me sempre que possas. Esperar-te-ei ansiosa. Nada te imponho.

Pousa sua mão descarnada na dele, encara-o a fim de captar-lhe a reação e acrescenta por fim:

– Já narrei a meus pais o que realmente se passou, inocentando-te. Tão logo esteja em condições, eu o farei publicamente.

Não acreditando no que ouve, indaga o rapaz, fremente:

– Serás capaz de fazê-lo, Madalena?

– Sim, estejas certo de que o farei.

O tremor das palavras, o tórax ofegante denunciavam o ápice das emoções na jovem.

– Não supunha... que esse tiro... fosse atingir-te tão profundamente. Perdoa-me.

Ao despedir-se o visitante, consciente da obrigação que doravante o levará àquela casa, promete voltar daí a dois dias; finalizando, confidencia o que Madalena até então desconhecia:

– Possivelmente não saibas que Marcelo muito me ajudou enquanto estive preso, justamente de quem sinceramente não esperava tal.

– Marcelo... querido irmão – interrompe a jovem –, deve ter-me ocultado esse fato para não trair-se, relatando-me tua prisão. Sabendo de minha afeição por ti, não hesitou em auxiliar-te.

E também, pelo amor que devota à Helena, pensa o prometido da baronesa, escapando-lhe o restante:

– Será sem dúvida o genro ideal para o barão dc Valois.

Com estas poucas palavras Carlos robustece as deduções de Madalena e ela, apegando-se às dúbias frases do militar, deixa-se embalar pela ilusão de que, não tendo mais Helena como competidora, nada a impedia se desdobrasse em esforços para conquistá-lo em definitivo.

Germinava, assim, em sua mente, uma nova esperança, um raio de sol a que se agarrava na tentativa de obter o que mais desejava e que mais difícil se tornara em sua vida: o amor do homem amado.

Por sua vez, o oficial leva consigo a secreta confiança de que em breve lhe serão feitos justiça e desagravo.

13. Acerbos Sofrimentos

Sonho é tudo a que aspiramos e, em nosso íntimo, alimentamos vê-lo, um dia, tornar-se realidade. O sonhar nos embala a ilusão também, conforta-nos e permite-nos através do pensamento, que é força livre, alcançarmos as mais longínquas plagas, idealizarmos as mais desvairadas quimeras, alçarmos os mais elevados vôos. Se na maioria das vezes não conseguimos concretizá-lo devido às eventualidades momentâneas ocasionadas pelas nossas falhas e desvios dos sábios e justos mandamentos de Deus, resta-nos a fé viva em Nosso Senhor Jesus-Cristo. É ela que nos acalenta a um dia, ao adquirirmos o equilíbrio espiritual, vermos realizados todos e muitos mais dos ambicionados sonhos, ao despir-nos do invólucro carnal.

Refugia no íntimo de Carlos Giraud a esperança de que, em muito breve, ver-se-ia desagravado e, por fim, em condições de casar-se com a jovem baronesa que, por sua vez, ansiava ver o oficial livre da tétrica prisão e reabilitado. Na jovem viscondessa havia o anelo de conquistar em definitivo o amor do oficial, não medindo meios nem esforços para tal; e em Marcelo de Saint Moritz, fazia-se presente a afeição que dedicava à Helena de Valois e desejava, ardentemente, vir a torná-la sua esposa.

Em meio a tantos sonhos e aspirações, Madalena de Saint Moritz de algum modo conseguiu ver concretizado seu desejo, muito aquém do que realmente sonhara. E por que ninguém pode ser feliz deixando atrás de si rastros de lágrimas e de acerbos sofrimentos em outra criatura, aquela diminuta felicidade, por instante conseguida, reveste-se de uma especial ilusão...

As esperanças renasciam naqueles corações no sentido de que proximamente melhores dias adviriam, anulando todo um passado de árduos sofrimentos e um presente de ansiosa expectativa.

Para isso, Carlos empenha-se no restabelecimento físico da jovem enferma. Das visitas alternadas passa-as a diárias. Via-se ela amparada pelo braço do jovem militar em passeios pelo jardim do seu palácio ou em charrete pelos logradouros da cidade, a cada dia mais se acentuando suas melhoras. É certo que aquilo que o amor não conseguir realizar, nada mais consegue. Os viscondes sentiam-se satisfeitos com o resultado da presença do sentenciado e este, no aconchego do seu lar, sob o carinho e o desvelo dos pais, se não aparentava o antigo vigor devido ao envelhecimento precoce e o artritismo que se arraigava em seu organismo, consolidara todavia sua saúde.

As missivas que o servidor dos Girauds levava com discretos intervalos à herdeira dos Valois atestavam nada ter arrefecido o sentimento dos noivos; no entanto, o oficial, vigiado e impossibilitado de sair, imaginava um meio de avistar-se com a jovem baronesa.

A inquietude do amoroso par os leva a marcar um encontro em um das alas no interior da igreja, uma das mais discretas, uma vez que é o único local onde não é permitida a entrada de escolta.

O antigo cavaleiro expressa à sentinela a vontade de assistir ao ofício religioso e conversar com seu antigo confessor. Como à sentinela não é permitido entrar na igreja pelo tipo de serviço que presta, fica a esperá-lo à entrada do largo portão que dá acesso ao vasto jardim que circunda os prédios, em desmedido terreno ocupado pela comunidade. E a igreja, o colégio e o convento não só dispõem de uma, como de muitas outras disfarçadas entradas...

Após à missa, Carlos vai ao encalço da madre superiora sóror Maria Assunção que, informada anteriormente pela ex-pupila, já o esperava. Abraça-o, acrescentando palavras enternecedoras. Seguindo pelo interior da nave, o oficial alcança uma das muitas salas de visita do colégio, e uma das portas abre-se para um largo alpendre em forma de 'U', cercado por baixa mureta e tendo, em certo espaço, pilastras e aberturas, permitindo a descida para o amplo e copado jardim.

Do lado contrário, algumas portas indicam outros compartimentos, sendo que na curva oposta em que se encontra o jovem vê-se uma abertura ovalada, a avistar-se espaçoso patamar com escadas que demandam a parte superior do prédio. Uma vez a sós e informado pelo caminho de que virá a ex-aluna do estabelecimento, Carlos, em febril espera, fica à espreita pela porta semi-aberta. Alguns minutos mais decorridos, um vulto encapuzado surge à entrada da curva do corredor. O oficial esquece a prudência, escancara a porta e ensaia correr. As pernas, porém, lhe tolhem o intento. Helena, ao avistá-lo, precipita-se célere. Um abraço mudo e a troca de sutis carícias externam a expansão de duas almas que se amam, em aprimoramento para a elevação desse amor, tornando-o sublimado.

Cessadas as efusões amorosas, sentam-se, ainda emocionados, e detêm-se a fitarem-se com atenção. Ele é o primeiro a falar, segurando as mãos da jovem:

– Helena, minha querida, deixa-me ver-te bem, embeber-me de tua saudosa imagem. Estás abatida. Soube o quanto sofreste, amada.

Beija-lhe as mãos e prossegue:

– E eu, que pensei pudesse fazer-te feliz!...

A moça queda-se a olhá-lo. Repara o quanto deve ter padecido pelos sulcos em seu rosto e, conquanto a grande barba, são visíveis os abalos moral e físico dos meses passados na prisão. Andar vacilante, mais magro, deprimido, parece ter esquecido como se sorrir. A jovem baronesa contempla-o por minutos, relembra-o outrora, estuante de vigor e saúde, quando ambos sorriam por tudo e por nada, antevendo a realização de seus sonhos de amor. Passa-lhe as mãos pelo rosto e sente, em seu íntimo, que ele ficará com as marcas das vicissitudes para toda a vida, não só no corpo como na alma.

Como a pressentir-lhe os pensamentos, ele lhe diz com sentida amargura:

– Como vês, já não sou o mesmo que conheceste... A honra achincalhada, um joguete dominado por um poder torpe, sem nenhum direito à defesa...

– Querido... não te tortures – interrompe a noiva. – Se me amas como dantes, é o que me basta.

– Sim, amar-te é a única coisa que não arrefeceu em mim. Meu amor continua forte e inquebrantável. Reconheço que terias razão de sobra se preferisses outro para esposo.

– Carlos, por que me dizes estas coisas?... Pensei que não tivesses dúvidas sobre meus sentimentos para contigo.

– Justo por isso me agarro a esse amor e não tenho a coragem suficiente de renunciar a ti, quando sinto o quanto Marcelo te ama nobremente e corresponde plenamente às exigências de teu pai.

– Mas... – tartamudeia a moça – Marcelo é tão-somente um bom amigo, de uma nobreza íntegra. Se assim não fora, eu não teria recorrido a seus préstimos para te ajudar. Não crês que não existirá nenhum outro para mim, Carlos?... Que só a ti amo e poderei amar?...

– Helena, o que será de mim se teu amor me faltar – replica o rapaz, enlaçando-a. – Enquanto me aqueceres com a tua ternura e possuir o teu amor, o frio das desventuras será menor e os dissabores menos amargos...

– Amado, imagino o quanto sofreste para ficares com o coração amargurado e a alma destroçada – redargúi Helena. – Procura esquecer, falemos do futuro.

Um leve sorriso assoma-lhe ao rosto e em meigo tom ela muda de assunto:

– Sabes, fiquei muito contente com o que me escreveste. Só peço a Deus que Madalena fique boa para inocentar-te publicamente.

Uma terna carícia completa as palavras. E relatando mais alguns pormenores sobre assuntos de interesses mútuos, despedem-se para não levantar suspeitas na guarda.

Enquanto a jovem baronesa dirige-se ao encontro da madre, Carlos volta sob seus passos, une-se ao escoltador e regressa à sua casa.

Na alma leva laivos de esperança, depara-se com criaturas inescrupulosas, caracteres deformados pela maldade e ambição; a vida, contudo, pusera em seu caminho um amor sincero, profundo, na pessoa daquela a quem igualmente ama e com quem espera, ao ver-se desagravado, conforme promessa da impetuosa viscondessa, vir a esquecer todas as agruras por que passara.

Ao evocar o semblante belo de Helena, sua meiguice e carinho, a determinação com que falara ao testemunhar-lhe o amor, sua alma jubilosa o faz sorrir pela primeira vez, depois da trágica odisséia. Fora tão benéfico a Carlos o encontro com ela que, nos dias seguintes, via-se nele o bem que o testemunho de amor da noiva produzira em seu íntimo. Uma poesia brotara espontânea a indicar que em seu ser renascia a vontade de viver, por amar e ser igualmente correspondido.

A impaciência de ver-se justificado fá-lo indagar à jovem viscondessa seus projetos a respeito. Esta, consciente de sua promessa, dirige-se aos pais, a fim de coordenarem como agir para propiciar ao oficial a devida e justa reparação moral. Para a família, no gabinete particular do visconde, não foi surpresa, conhecedores da têmpera da filha. No entanto, na face da moça se estampa a surpresa, mediante as declarações por eles feita. É a mãe quem primeiro fala:

Aguardávamos que se acentuassem tuas melhoras para informar-te de que já providenciamos junto à corte o desagravo do oficial Giraud. Como sabes, S.M. tem um carinho todo especial por ti e ficou muito impressionado com os esclarecimentos sobre o teu acidente.

Nota-se na convalescente que seu corpo ressentira-se demasiado com a prolongada enfermidade. O arrebatamento de outrora dera lugar a uma passividade forçada pela debilidade física, a palidez destaca-se no seu todo, salientando-se a falta do viço primitivo. Se por um lado Carlos abatera-se sobremodo na prisão, Madalena, além do espírito, pelos embates passados no transcurso da doença, abalara-se fisicamente, o corpo enfraquecido, resultado da luta entre a vida e a morte.

Mantendo-se atenta, aguarda a continuidade da palestra pela senhora viscondessa, que prossegue:

– Tanto que nem nos pediu opinião. Sabes bem... – conclama a senhora Margot com gestos a querer deixar claro que não tiveram, ela e o marido, nenhuma participação – que não se pode discutir nem discordar dos atos da corte, abonados por S.M. Resolveram não só promovê-lo, mas beneficiá-lo com o título de conde e uma indenização de certa importância em ouro e dinheiro.

A pausa momentânea enseja à mãe de Madalena a oportunidade de articular:

– Ainda bem que poderemos reparar de alguma forma a injustiça que praticamos.

Inteirado de todo o conteúdo da reunião, Marcelo porta-se como se ausente estivesse, enquanto seu pai aguarda o momento oportuno para falar:

– Ainda não acabamos. Depende tudo isso da livre escolha do oficial.

A jovem ergue o busto, finca as unhas nos braços da poltrona e olha-os demonstrando nervosismo É aí então que a mãe continua, agora de pé, mãos nos bolsos do vestuário, procurando fugir ao olhar indagador da filha:

– Submetidas à apreciação da corte as tuas declarações, concordaram em indenizá-lo. Não o julgam inocente de todo. Acusam-no por coação moral, mediante a constante presença dele em contato contigo, que te levou não só a apaixonar-se por ele como a praticar o ato extremo.

– Mas não foi bem assim – objeta a jovem, olhando a todos de relance. – Estão distorcendo os fatos, falseando a verdade.

– Filha, de nada valerão tuas contestações – fala por sua vez o senhor visconde. – A corte já decidiu e a decisão está abonada pelo rei, dando por encerrado o processo do oficial Carlos Giraud.

O suspense proposital faz convergirem todos os olhares para a nervosa moça, que não esconde a impaciência que a domina:

– Então digam logo qual a escolha que caberá a Carlos fazer. Por que tantos rodeios?

– É... que não sabemos – adianta-se a mãe reticenciosa – se estarás disposta a aceitar a decisão da corte.

– ?!... E que decisão é essa?! Acabem logo com isso! – exclama Madalena, no auge da inquietação.

Intervindo no momento de que foi incumbido, Marcelo acerca-se da irmã e com clareza expõe:

– Busca conservar a serenidade, mana, para teu próprio bem. Giraud terá que escolher entre casar contigo ou voltar à cela de onde saiu.

As feições da moça alteram-se, mas difícil torna-se depreender o que se passa em seu íntimo. Após moderado silêncio, ela externa-se:

– Não... não era assim... impondo... que eu o queria. Desejava conquistar o seu amor, tê-lo por completo corpo e alma...

– Aos poucos virás a conquistá-lo – anima-se a senhora Margot a comentar. – Assim como a assídua presença dele te seduziu, se te fizeres paciente, cativante, poderás prendê-lo.

– Carlos é de um temperamento incomum, obstinado como eu, perseverante e fiel. Desconheço em que pé estão suas relações com os Valois. Que não vê Helena nós o sabemos pela escolta. Quando me atrevo a perguntar pelo noivado, responde-me com evasivas e muda de assunto, no entanto, o tenho pego várias vezes abstraído, distraído, desculpando-se por não ter prestado atenção às minhas palavras.

– E tu, Marcelo, que nos dizes? – inquire afinal a senhora, voltando-se para o filho.

O rapaz, que se esquivava sempre de tocar em assunto relacionado com a jovem baronesa, via-se sem ter como escapar à pergunta e responde de forma mais simples e objetiva:

– Como já afirmei, sou simplesmente um amigo da senhorita Valois. Conversamos sobre muitas coisas, mas ficou bem claro em nossos entendimentos que não se imiscuiria em particularidades íntimas. O que deixa transparecer de toda a tragédia é ver-lhe hoje o rosto mais desanuviado, o olhar mais límpido, as mãos menos trêmulas e o seu todo menos tristonho, por ver a criatura a quem ama fora da sinistra prisão. Expressa-se com segurança de sua fé religiosa que você, Madalena, se em verdade o amar, não o deixará voltar para lá.

Diante das explanações do jovem visconde, ninguém aventurou qualquer pergunta adicional, somente os pensamentos falando de per si.

A jovem viscondessa, na prematura alegria de ver seu ideal concretizado, muito embora conhecendo a índole do oficial, que bem poderia preferir a prisão, deixava-se no entanto levar pela imaginação de que tudo tentaria para torná-lo feliz.

O pai imaginava que dentro em breve toda a preocupação teria fim. Acreditava por certo que o oficial, conhecendo os rigores do cárcere, não teria outra opção senão aceitar o arbitrário casamento.

Viam-se, todos os dias, matrimônios sem amor recíproco, impingidos por várias circunstâncias. Não seria esse o primeiro, nem o último...

A mãe, intimamente, dava-se os parabéns pela oportuna inspiração tida, acatada pelo marido e facilmente endossada pelo real poder. Assim, estava assegurada a vontade de viver de Madalena, afastada a nefasta idéia de seu pensamento e, finalmente, a posição da senhora Margot para sempre consolidada.

A certeza de que muitos outros, inclusive nobres, não hesitariam em aceitar a filha por esposa a deixava a salvo de quaisquer escrúpulos quanto à despótica imposição feita ao oficial, um simples plebeu, visto como culpado, logo, um desonrado.

O irmão se inteirara das decisões no dia anterior à palestra, nesse instante a ultimar-se, e recordava as palavras do colega, quando ainda no cárcere: "Não estaria esperando maiores dissabores." Perguntava-se como iria ele se portar diante de mais um golpe traiçoeiro do destino; por outro lado, refulgia-lhe uma tênue esperança de que, passados os momentos mais cruciantes para a jovem de Valois, sentindo quanto sincera era a sua amizade, pudesse aquilatar o quanto ele a amava em silêncio, aceitando-o futuramente para esposo, quando seu sofrimento se tivesse amainado. Levanta-se e se despede discretamente dos demais, em demanda ao seu quarto.

Interessada nos diversos pontos do assunto que lhe tocam de perto, Madalena, em visível agitação, aguarda a chegada do inditoso oficial Carlos Giraud, quando lhe será cientificado das novas resoluções da corte, as quais mudam as diretrizes de seu destino, anulam a sua vida, destróem o mais ambicionado anseio de sua alma, qual o de casar-se com a eleita do seu coração.

Introduzido pelo serviçal no gabinete do senhor visconde, que se faz acompanhar da esposa, formulados os cumprimentos naturais, Carlos é convidado a sentar-se e espera que um deles fale. Desta feita é o dono da casa quem usa da palavra:

– Oficial Giraud, não resta a menor dúvida de que sem a sua cooperação possivelmente não veríamos nossa filha recuperada; como também forçoso nos é admitir que partiu dela o atentado contra sua própria vida... No entanto – prossegue o interesseiro fidalgo –, não deixa de ser verdade que sua presença quase diária e os sucessivos passeios muito contribuíram para esse amor desvairado.

Enquanto o pai de Madalena fala, sua mãe, como a instigar com mais palavras, interrompe o marido para acrescentar:

– Demos a ela todo o nosso carinho, satisfazíamos seus gostos e vontades. Bastava-lhe acenar um dedo e não lhe faltariam pretendentes.

Dramatizando, procura impressionar, enxugando uma lágrima onde nada havia.

– Sempre a julgávamos feliz e, para nossa infelicidade, foi justamente se apaixonar pelo senhor...

O esposo aproxima-se e a conforta com gestos, parando a seguir na frente do rapaz, que não consegue atinar o porquê daquelas palavras todas:

– Não é de nossa vontade forçar-lhe nenhuma decisão – diz se dirigindo à escrivaninha, onde apanha duas cartas. – Para isso entrego-lhe estes dois documentos. Decida-se pelo que melhor convier e me devolva um, podendo destruir o outro.

Desde o desenrolar da entrevista, Carlos mostra-se tenso, temeroso, sem nada emitir. Pega os documentos lacrados com o sinete real, abre-os e lê, sôfrego, um por vez. Não se contém, porém, em meio à leitura, quando diz cheio de indignação:

– Na verdade os senhores são de uma magnitude invulgar. Se sua filha confessa, somente ela, que teve participação no tresloucado acidente, por que me impõem tão aviltada escolha?!...

– Não parte de nós as resoluções. Como vê – retruca o nobre –, partiram da Suprema Corte e S.M. as endossou.

Pesado silêncio domina a sala, o antigo e bravo cavaleiro depõe as cartas a seu lado, na cadeira, enfia as mãos pelos negros cabelos e, tentando concatenar seus desalentos pensamentos, levanta a cabeça e fala mais parecendo um murmúrio:

– Que disse sua filha de tudo isso, pois creio que a informaram dessas imposições, não?

Abrindo os braços e deixando-os cair ao longo do corpo, em sinal de conformação, é ainda o pai da jovem quem responde:

– Que poderia ela dizer, diante de uma deliberação da Suprema Corte, senão acatá-la?...

O oficial não se domina, impulsionado pelo rude golpe que lhe arrebata as últimas e doces ilusões de casar-se com quem realmente ama. Brada num desabafo misto de angústia e revolta:

– Claro! É evidente que tal submissão, nesse plano infernal, só pode ter sido engendrado por ela, com a aquiescência dos senhores!

– Não é verdade – apressa-se o pai de Madalena em dizer. – Ela nada tem a ver com estas resoluções. Afianço-lhe sob palavra de honra.

– Não sei... ela que é tão orgulhosa. Como aceitou essa situação sabendo de antemão que não a amo e que jamais virei a amá-la?

A nobre dama que, ensimesmada com seus pensamentos, permanecera calada, intervém com altivez:

– Na certa, senhor visconde, esse rapaz desconhece quantos fidalgos e ricaços sentir-se-iam honrados em desposar nossa filha!

Assentindo com a cabeça, o visconde levanta-se detrás da escrivaninha, detém-se a pouca distância onde se encontra sentado o desventurado militar e desfecha debochado:

– O ilustre... oficial não precisa decidir agora. Tem três dias para pensar e dar-nos sua resposta, como também a alternativa de escolher apodrecer no cárcere, já que lhe é por demais penoso casar-se com uma das mais ricas e fidalgas senhoritas de nossa nobreza. Passe bem.

Ao tempo que pronunciava as últimas palavras, o visconde Francisco chama pelo cordel o mordomo e conclui, arrogante:

– José, acompanhe este moço até a sua escolta. Hoje ele acha-se indisposto e não convém que veja a senhorita. Avise-a a seguir de que a senhora irá vê-la.

Como um autômato, Carlos pega as cartas-sentenças que decidirão seu destino e segue o servidor.

A partir dali, sua vida seria a de um homem combalido, alquebrado, vencido pelos rudes lances. Acomodando-se às circunstâncias, não mais alimentará sonhos nem ilusões, que eram tolhidas e arrancadas de sua alma deixando marcas cruciantes, levando-o ao clímax do sofrimento e do desespero.

No percurso de volta ao lar, com as feições desfiguradas, registra a tempestade que se lhe desaba no interior. Não sabe definir qual a pior das sentenças, mas, no rugir em si da surda revolta diante de uma escolha inevitável, acredita que qualquer morte é preferível a conviver com uma criatura sem amor.

A surpresa de vê-lo chegar antes do horário normal faz com que a mãe, preocupada, lhe pergunte:

– Voltaste mais cedo, hoje, filho. Algum contratempo?

Disfarçando a opressão que o domina, responde-lhe, deixando-se envolver por seu abraço:

– Não... não há nada. Como Madalena tem visita médica à tarde, despedi-me dela mais cedo.

– Não vejo a hora de ela restabelecer-se e te inocentar perante a opinião pública – emite a senhora Giraud.

– Não te preocupes, mamãe, tranqüiliza-te que ela o fará em breve. Descansa teu espírito, não te atormentes – retruca o filho, afagando-a delicadamente.

O pai, que a distância assiste em silêncio a toda cena, nada fala, limitando-se a observar discretamente o filho e, como o conhece bem, pelo modo sério, cauteloso nas respostas, pressente que algo de novo o preocupa. Segue com os olhos todos os seus movimentos e, ao vê-lo afastar-se em direção ao quarto, acompanha-o, entra junto, fechando a porta em seguida.

O oficial percebe que ao pai não conseguirá dissimular, e ele indaga:

– Vejo em tua fisionomia que algo te preocupa. A mim tuas palavras não convenceram; que, em verdade, aconteceu?

Sem nada dizer, Carlos retira do bolso do paletó as duas cartas, entrega-as ao pai, que se sentara na cadeira junto à mesa em que o jovem tantas cartas e poesias escrevera à noiva. Ao fim da leitura, ambos permanecem alguns minutos calados, sem que caiba a nenhum a coragem de expressar-se. A força arrasadora dos manuscritos faziam o doutor Giraud avaliar que nenhum ser humano lhes poderia anular os dizeres. Sentia que os dois textos tinham a mesma característica de morte, uma física e outra moral, levando o filho a enterrar todos os seus sonhos de amor.

O doutor Gilbert Giraud, de compleição robusta, alto, as cãs mescladas de raros fios negros, fita o seu primogênito que, sentado à sua frente, na cama, aguarda o seu parecer:

– Que pensas resolver? Sei que não és covarde, filho, talvez por isso tua coragem será testada ao escolheres a pior causa.

Permitindo-se, diante do genitor, expandir o sofrimento que lhe invade a alma, o desditoso rapaz desabafa:

– Mas... não vês, meu pai, que tudo isso é uma trama maquiavélica para me obrigar a casar com essa moça!...

O oficial levanta-se, no ápice do descontrole, e treme de indignação.

– A verdade, pai, a verdade distorcem-na, não dizem que eu nada fiz para merecer tal punição. Por que logo a mim ela teve que se apegar?!

O pai, compreendendo a extensão do sofrimento do filho, permite que ele extravase sua dor através das desencadeadas palavras, para então acrescentar:

– Avalio, meu filho, a tua angústia, o teu desespero, porém, se essa moça insiste em seguir-te os passos, quem sabe não está aí um sinal do poder mais Alto? Ao fazeres tua escolha, não deves pensar em nós – continua o médico –, porém, que o Senhor te faça seguir o caminho que indiretamente ele deseja.

Diante do pronunciamento do pai, Carlos abaixa a cabeça; quando a ergue, o genitor está ao seu pé, a abraçá-lo ternamente e a infundir-lhe coragem.

– Não convém que tua mãe saiba da existência dessas cartas, por enquanto.

Por sua vez, levantando-se, o oficial retribui o amplexo e, em lento sussurro, deixa escapar:

– Por favor, meu pai, peça a Jouvert para aprontar-se a fim de levar uma carta à residência dos Valois. Preciso avistar-me com Helena o quanto antes.

Enquanto o facultativo abandona o quarto, pensativo e taciturno, o filho escreve um curto bilhete à noiva, solicitando-lhe um encontro no local anterior, por motivo grave e de interesse mútuo...

14. Renúncia Suprema

A natureza nem sempre obedece a rigor ao que determina o calendário, no tocante às estações do ano. O inverno se extinguira há mais de um mês, mas o tempo permanecia sobretudo com as manhãs muito frias, em sua maioria com os dias nublados. O nevoeiro persistia retardando a chegada do sol morno de primavera, o desabrochar das folhas verdes nas árvores e o reflorir de campos e prados.

Naquele dia, esvaíra-se mais cedo a densa neblina, podendo-se pressagiar um céu mais azul, recoberto de alvas nuvens, indicando que o astro-rei faria a sua tão aguardada aparição.

Quando assim acontecia, esquecidos em casa os pesados agasalhos, as ruas principais de Paris regurgitavam de gente a sair e dar as boas-vindas à retardada estação das flores.

O angustiado oficial, que marcara a entrevista para as dez horas, como sempre se antecipara. Talvez, em vista das múltiplas preocupações, não se apercebera da luminosidade do dia. Conquanto não conseguisse atinar com o assunto de máxima urgência no lacônico bilhete, Helena não se descuidara de sua toalete, substituindo-a por mais leve e jovial, condizente com a nova estação.

Seguindo o mesmo percurso, seu gracioso vulto, agora revestido de uma leve capa de flanela branca com aberturas laterais, chega à sala onde é esperada. Ultima a retirada das luvas e desfaz-se da capa, interpelando de permeio o infeliz noivo, que observa seus gestos:

– Carlos, que houve? Deixaste-me deveras apreensiva.

O rapaz queda-se imóvel, contemplativo. Retirada a capa, vê-se que a jovem veste um vestido de musselina em azul claro, de mangas compridas e bufantes, cintura demarcada com uma faixa de cetim em tom rosa suave. A saia cai ampla em gomos a partir dos quadris. A negra e sedosa cabeleira em cachos sobre a nuca encontra-se ornada por dois minúsculos ramos de flores, entrelaçados por fitas. Está simplesmente sedutora.

Só então a moça dá-se conta da perplexidade de seu pretendente, percebe-lhe as feições sombrias, chega-se mais perto e repete a pergunta:

– Por Deus... Carlos, que aconteceu?!

Em resposta, ele a puxa impetuoso, abraça-a frenético, beijando-a ávido.

O transporte amoroso do noivo colhe de surpresa a bela baronesa. Sem atinar por que o faz agir assim, ela tenta desvencilhar-se, quando mais surpresa fica ao vê-lo desprender-se e, como um possesso, passa a esmurrar mesa e paredes aos berros.

– Matem-me logo! Acabem com essa terrível agonia! Prefiro a morte a casar-me com aquela mulher!

Semi-estupefata e amedrontada, Helena solicita interferência do padre Vicente, confessor dos dois, que é procurado por uma das noviças. Porém, ao sentir as dores nas mãos, Carlos, extenuado, deixa-se cair em uma das poltronas como se lhe estivesse ausente a razão e falasse para si próprio:

– Não... não... ela não me terá, nunca... nunca... jamais...

A jovem fidalga acerca-se do oficial e, carinhosamente, afaga-lhe a vasta cabeleira, ratificando a pergunta, desta vez com a voz embargada:

– Meu querido, que aconteceu, dize-me?!

Automaticamente ele estende-lhe as duas cartas-sentenças e, à medida em que ela lê, a palidez assoma-lhe ao rosto. Com as mãos trêmulas, busca então uma cadeira para sentar-se. Ao findar a leitura, todo o seu ser estremece ao constatar a realidade exata da situação. Está inexoravelmente findo o seu belo romance de amor... Compreende então a extensão do sofrimento e desespero de que se acha possuído o amargurado militar. Fala-lhe mais alto o sofrimento do ente amado, acerca-se dele, que se encontra silencioso, acaricia-lhe as mãos cobertas de equimoses e diz-lhe, sufocando a dor:

– Carlos, meu querido, por teu amor filial deves aceitar o casamento com Madalena.

Concentrando nela seu olhar, ele responde-lhe:

– Está acima de minhas forças, prefiro a morte. Renunciar a ti é o mesmo que perder a vida.

– O nosso sonho de amor termina aqui... agora – retruca a valorosa jovem.

O pranto teima em fazer-se presente. Uma rápida pausa para refazer-se e amealhar forças, e continua:

– Não temos outra alternativa. Se escolheres a sentença de morte, levarás consigo tua mãe. Ela não agüentará uma nova carga de dissabores ao coração enfraquecido e cansado.

A reflexão clara e objetiva de sua prometida o deixa pasmado e duvidoso:

– Helena, és tu, que dizes amar-me, quem me aconselha a casar me com Madalena, sem objeções?!

– Sim, sim – responde a jovem sem pestanejar. – E porque te amo prefiro ver-te vivo nos braços de outra a ver-te morto em meus braços...

Em meio às frases eloqüentes de Helena, dá entrada na sala monsenhor Vicente, que, apressado, pergunta:

– Meus filhos, que aconteceu? Chamaram-me às pressas...

A herdeira de Valois entrega ao sacerdote as duas vaticiniosas cartas e fala em amargo sussurro à madre, que chega na ocasião:

– Está... tudo acabado. Implacavelmente findo... Preparem-se para me receber.

A boa serva do Senhor, sem nada entender a princípio, ao tomar conhecimento das laudas, condói-se sinceramente do sofrimento dos dois enamorados e dirige-lhes palavras confortadoras e de bom ânimo, deixando o oficial aparentemente mais calmo, arrematando ao sair do aposento:

– Oficial Giraud, a renúncia suprema de tua noiva oferece-te ensejo de avaliares o quanto ela te ama. Rezaremos para que tua escolha esteja à altura desse amor.

Ao ficarem a sós, buscam-se pelos olhos e num abraço de mudo desespero e tristeza, dizem-se adeus e a todos os sonhos que alimentaram...

Pegando os dois documentos sobre a mesinha, Carlos passa rápido as vistas pelos dizeres. Um deles o promove de posto, outorgando-lhe o título de conde, uma vez que se consorcia com uma das mais nobres donzelas. Este ele embolsa. O outro, consta em seu texto que, dentro de três dias, passará pela solenidade pública de expulsão, em seguida recolhido à prisão perpétua por ato julgado nocivo e culposo à pessoa da mais alta nobreza. Em nenhum se acha proclamada sua inocência. O último ele entrega à jovem baronesa, com o conformismo de quem de nada valerão seus protestos.

– Aceito esse casamento como se seguisse para o cadafalso. Peço-te que mostres ao senhor barão esta carta com as devidas explicações, rasgando-a depois. Sinto-me irremediavelmente condenado...

– Não te preocupes... falarei com papai.

Pelas palavras do oficial, obviamente Helena deduz com qual das missivas ele ficará.

As lágrimas rolam-lhe, silenciosas, pelo rosto, denunciando o desesperado sofrimento que tenta esconder, mas que a ele não passa despercebido pelo tremor que a agita:

– Querida, com a entrega desta carta, tentarei ganhar tempo. Quem sabe não esteja tudo perdido?

Chega-se mais perto dela, aconchega-a contra seu peito, abraçando-a ternamente. O pranto da jovem torna-se mais intenso.

– Por Deus, amor, não te desesperes – articula Carlos. – Talvez possamos encontrar uma saída. Alguém que há de nos ajudar... se preciso for, fugiremos...

A jovem baronesa recobra-se com dificuldade. Ouvira as expressões do noivo e avalia o quanto terá de envidar de esforços para que se consuma com êxito a nova fase da vida dele. Afasta-se um pouco, passa a alisar-lhe os cabelo. Seus dedos muito alvos e gélidos percorrem-lhe a face, tateando, detendo-se nos lábios, nos quais mansamente ela deposita um beijo.

O oficial, percebendo o que a jovem deixa entrever de seus gestos, exclama inconformado:

– Helena, minha querida, não pode ser esse o nosso adeus. Lutarei até às minhas últimas forças pelo nosso amor.

A angustiada moça segura-lhe as mãos, beija-as docemente e, encarando-o, responde-lhe:

– Prometa-me que não arriscarás tua vida sob hipótese alguma. Para que vivas, renunciaria a ti, a teu amor quantas vezes fossem necessárias.

– Helena, não me negues o consolo de ver-te mais algumas vezes...

Todavia, ela nada confirma, sente que não conseguirá por mais tempo controlar seus nervos e emoções nas batidas descompassadas do seu coração. Segura-lhe as mãos, desta feita passando-as por sua face, molhando-as de lágrimas. Levanta-se ágil e, num esforço supremo, diz com a voz dificultada pelos soluços, mais parecendo um lamento inaudível:

– Agora, vai... não convém te demores mais... Adeus, amor... Adeus...

Precípite, evade-se da sala embrenhando-se pelo interior do internato a refugiar-se nos braços de sóror Maria Assunção, sua amiga e conselheira.

As feições congestionadas de Carlos, sua incontida revolta, acompanhada de intenso desespero, levam a senhora Giraud a tomar conhecimento das cartas fatídicas. Ao sentir que o cutelo da prisão e morte ainda pesam sobre a cabeça do filho, a pobre senhora não se contém e lhe fala em lágrimas:

– Não permita Deus que eu viva para ver-te finar-se em uma cela infame...

O jovem oficial, ao presenciar o amargurado sofrimento de sua mãe, relembra as palavras da jovem baronesa e, nas últimas horas da noite, ao findar-se o prazo, entrega a carta escolhida, que o obriga, daí a quinze dias, a oficializar o noivado com a jovem viscondessa.

Aproximando-se o dia da oficialização, Carlos, consciente de que depois lhe será não só mais difícil, mas impossível de avistar-se com a ex-noiva, uma vez que continuará vigiado, como também comprometido com outra, envia-lhe uma carta-apelo, no sentido de que ela venha vê-lo pela última vez. No entanto, é surpreendido nas primeiras horas da manhã com a visita de Ana, camareira da jovem baronesa, que, após os cumprimentos, entrega-lhe uma carta da moça.

Não escondendo seu desapontamento, o oficial indaga pressuroso:

– Aconteceu alguma coisa à Helena? Estará doente?

– Não, senhor oficial – responde-lhe de imediato à portadora. – A senhorita pela carta lhe explica tudo.

Na ansiedade em ler a missiva, despede-se da governanta, não sem antes enviar à ex-prometida a confirmação de seu amor.

– Diga-lhe que, mesmo impossível se torne de ver-nos, eu jamais a esquecerei!

Demandando lépido a seu quarto, rasga o rosado envelope e retira do seu interior uma folha de papel de igual tonalidade. Ao alto da página, à esquerda, vê-se o escudo da linhagem à qual pertence sua remetente, enquanto o ambiente veste-se impregnado de suave perfume. Incapaz de deter-se nos pormenores da missiva, Carlos, sentado na cama, lê sôfrego:

Carlos, meu amado.

Deixa-me pela última vez chamar-te assim. A vida me negou esse direito, mas, no recesso do meu coração, tu serás sempre o primeiro e único.

Impossível se tornaria para nós a despedida. Eis por que, ainda que desejosa, não acorro a teu encontro; seria por demais doloroso e insuportável o adeus definitivo.

Dentro de poucos dias, antes do teu matrimônio, estarei vestindo o hábito das noviças, caminho que escolhi por minha livre e espontânea vontade.

Disse-te certa vez o tanto, como e quanto sentir-me-ia capaz de amar-te, e agora acrescento que a nenhum outro permitiria te ocupasse o lugar. Ao transpor a soleira do convento, morta para sempre estará a baronesa Helena de Valois, mas recalcado em seu espírito permanecerão teu vulto, teu amor, todas as lembranças dos momentos inesquecíveis que juntos passamos. E te afirmo com segurança: não obstante todos os sofrimentos que conheci através do amor, eu os viveria um por um outra vez, por todas as alegrias, honradez e doação que me vieram de ti. O meu, o teu, o nosso amor é belo e por demais profundo para caber somente em uma vida. Peço-te que tenhas paciência com ela; talvez, quem sabe, não seja a maior culpada. Não recues no cumprimento do dever que para ti deve ser sagrado. Quando as forças te faltarem, ora e os céus te auxiliarão, como a mim, o sei, não faltarão e, um dia, por certo, nosso amor ressurgirá, potente e grandioso nos pináculos da eternidade. Aí então, juntos e felizes seremos para todo o sempre.

Recebe, amor, neste adeus o último beijo de Helena Valois.

Finda a leitura, o provado oficial estende-se na cama, braços sob a nuca, olhar perdido na imensidão de seus pensamentos. Analisa a extensão daquele afeto, em quem, dificilmente, se avaliaria possuir tal firmeza e fidelidade de sentimentos. O testemunho de amor que acabava de dar, na renúncia grandiosa... Era a sua tão meiga e dócil Helena, aparentemente frágil, que lhe mostrava o quanto e até onde era capaz de amar. "E eu, Deus meu, que a amo tanto, como poderei agüentar essa separação? Meu amor, minha querida, favorece-me com tuas preces, para que ao menos eu não venha a desapontar-te..."

A confortá-lo resta-lhe, no entanto, do romance que se finda aos olhos humanos, o quanto inspirara um amor sublime, e a sua lembrança o ajudará a ultrapassar, no futuro, os reveses que a vida lhe reserva.

Com a presença dos familiares de Carlos, que, apesar das circunstâncias, tentam acomodá-lo à nova situação, induzindo-o com conselhos confortadores a dar ao acontecimento uma aparência natural, amigos íntimos da então noiva e os partidários diretos da consumação do ato levantam brindes à felicidade do futuro casal. Fica estabelecido que o casamento realizar-se-á daí a três meses, tempo suficiente para correr os papéis e fazer-se a renovação do quarda-roupa da noiva.

Impossibilitados de dançarem pelas deficiências físicas de ambos, assim mesmo o noivo é alvo do assédio das demais jovens presentes. No burburinho do salão, em meio aos risos e alegrias dispersas, ele sorve contínuos copos de bebidas. Começa a sentir a cabeça a rodar-

-lhe, náuseas de tudo e de todos. Quando o pai lhe percebe o intento, é tarde, e seu corpo, com o copo na mão, estatela-se no chão. Levado para um dos aposentos, Madalena faz questão de ocupar-se dele, após medicado. Desfazendo-se da maior parte do líquido ingerido, Carlos cai em pesado sono.

A noiva aproveita-se desta inconsciência para dar vazão à sede de carinhos e, acariciando-o, ansiosa beija-o de forma eloqüente.

– Perdoa-me, amor, se não tive forças e coragem de renunciar a ti. Tendo-te a meu lado, dou-me por feliz.

Segura as mãos do adormecido rapaz e continua:

– O tempo há de sarar-te as mágoas e banir as tristezas de teu semblante. Se de todo não o conseguir, juro-te, não hesitarei em deixar-te livre.

Toda Paris é sacudida em meio aos mais desencontrados comentários pelo novo evento, e assim, como marcado, noventa dias decorridos do noivado realiza-se pela manhã o casamento civil com a atribuição do título de conde e simultânea promoção. À tarde, o ato religioso, na engalanada capela do suntuoso palácio dos Saint Moritz, do conde de Savres, capitão Carlos Giraud, e da senhorita Madalena de Saint Moritz, viscondessa de Toulon.

Ao regressar ao lar da última entrevista com Carlos, Helena já deixara consolidada a resolução de ingressar na vida monástica, e tão resolvida está que convoca os pais a uma reunião, mostra-lhes uma das cartas-sentenças e lhes narra todo o drama por que passa o jovem oficial.

Os lacrimosos olhos da mãe e as súplicas de seu idoso pai não a fazem mudar de idéia.

Sozinha em seu quarto, deixara o pranto lavar-lhe o rosto. Buscava alento ao recordar o ex-noivo, são e salvo, mesmo que para isso se lhe tivesse sido exigida a abdicação de todos os seus sonhos de ventura...

Ao receber seu apelo para vê-la, compreende quão difícil e aflitiva se tornaria a despedida para ambos e, ao escrever-lhe pela última vez, sente que só a serviço do Senhor Jesus, como sua serva, poderá voltar a encontrar a paz e o refrigério para seu compungindo coração. Debalde as rogativas do jovem Marcelo tentam demovê-la:

– Helena, como posso sentir-me teu amigo se, no primeiro pedido que te faço, não sou atendido.

– E é por ter-te como o meu melhor amigo – responde-lhe ela –, em conta de irmão, que não seria leal de minha parte enganar-te, quando sei o que sou e como sou...

O desesperado rapaz vê cair por terra todos os sonhos que acalentara ao pensar que, com o passar do tempo, a jovem baronesa pudesse voltar-se para seu afeto. Recolhe-se, daí por diante, a um permanente mutismo, embora não fique indiferente a participar da intimidade do futuro casal, compartilhando como mediador e defensor do cunhado nas rusgas entre ele e a irmã. E prefere passar a vida com romances fugazes, de pouca profundidade, sem que se deixe prender por nenhuma das belas e cobiçosas jovens que ornam a fina nobreza em busca do ambicionado título nobiliárquico...

Idêntico o destino do jovem visconde ao da jovem baronesa, que era o protótipo da moça a quem amara e se entregara com tal força a esse sentimento que, não conseguindo tê-la como esposa, não transfere a nenhuma outra o profundo amor que a futura freira lhe inspirara, não se ligando a ninguém pelo resto de sua vida.

Os dias que antecederam à ida de Helena de Valois para o claustro, ela os passara ultimando o enxoval eclesiástico, doando seus pertences às amigas mais íntimas com jóias, como aos servidores, além de seu régio guarda-roupa. Como lembrança, envia à Cíntia, irmã do ex-noivo, entre outras jóias, o seu anel de noivado e o espadim, prêmio do último torneio em que Carlos tomara parte. Acompanha-os simples, mas tocantes palavras de saudações e despedida, oferecendo ensejo a que os pais e irmã do oficial a visitem à véspera de sua ida para o convento, com o fim de cumprimentá-la e agradecer-lhe a demonstração de afeto e apreço para com o militar, no desenrolar de todos os acontecimentos.

Aproveita-se Carlos dessa oportunidade e remete à ex-prometida sua última poesia, sem nada mais acrescentar. Estando a sós no quarto, Helena retira do branco envelope o alvo papel em que a letra agora mais firme do querido ausente sobressai nítida ao dizer-lhe adeus em forma de versos:

Último canto

Nos instantes finais de nosso amor,
Na renúncia suprema deste adeus,
Sinto meu coração morrer de dor,
Ao findar-se, com ele, os sonhos meus...

Curvado à prova de um cruel destino,
No auge do sofrimento e sem razão,
Sem fé naufrago no meu desatino,
Na mais dura e fatal desilusão...

Tal qual do cisne o derradeiro canto,
Comprimo o peito em sufocado pranto
E digo adeus ao Bem que então perdemos...

E ao pensar nesse grande amor de outrora,
Ao vivermos morrendo como agora,
Eu e tu para o amor também morremos!...

Ao término da leitura, estranhamente, os olhos da jovem permanecem secos e apenas o tremor das mãos denuncia o descontrole por que passa seu interior. Dirige-se à cômoda e, de uma das gavetas, retira uma caixa de mogno com incrustações de prata, como se seus atos obedecessem a um automatismo incomum. Abre-a, dela retira as inúmeras folhas de correspondência e poesias trocadas entre ela e o oficial. Paulatinamente, vai desdobrando-as; percorre as vistas pelos escritos nos quais em alguns se destacam frases eloqüentes do inspirado militar, volvendo à lembrança os momentos que as motivaram; outras a lhe falarem do passado não muito longínquo. Separa a primeira e a última poesia – "Divina Musa" e "Último Canto" –, colocando-as na contracapa de seu breviário. Retomando à revisão, cai-lhe nas mãos uma carta em que as veementes expressões amorosas a machucam de forma atroz: (...) "querida, ao sentir pela tua carta que em ti permanece viva minha lembrança, digo-te neste final, ama-me como te amo e jamais me esquecerás"...

Não consegue a destemida moça reler as demais, rasga-as uma a uma, ordenando a serviçal que as queime em seguida. A mãe, que não a deixa sozinha por muito tempo, penetra no quarto no exato instante em que, mortificada, abandona-se aos caudais do pranto que a sacode intensamente.

– Minha filhinha... de que nos vale toda a nossa fortuna se não te podemos fazer feliz... Não imaginas o quanto nos será frio o inverno da vida, a nos faltar tua presença, teu carinho.

A filha do antes orgulhoso barão de Valois recobra-se lentamente e responde com dificuldade:

– Poderão tu e papai ver-me quando o desejarem. Eu não estarei morta, enquanto que, permanecendo aqui, não terei condições de viver, pois sepultados estão todos os meus sonhos...

As lágrimas da mãe e da filha, mais uma vez, se confundem. Combinado ficara que não haveria despedidas e, naquele último dia de passagem em seu lar, Helena procurara dar um cunho de naturalidade ao ambiente, que se mostra tenso em função da afeição que a jovem desfruta no seio da criadagem.

Às primeiras horas da manhã, antes do despertar do novo dia, acompanhada de sua dama de companhia, a baronessa, senhorita Helena de Valois parte rumo ao convento, renunciando à imensa fortuna e a todos os demais títulos de nobreza. Troca a vida faustosa e luxuosa da corte por uma de severa disciplina e labor humilde, ao envergar o modesto hábito de noviça.

Em decorrência de ver concretizado o ambicionado casamento, Madalena, apesar de não se encontrar em condições físicas que lhe permitissem uma viagem de núpcias, exige-a de Carlos, que passivamente a tudo acata, deixando-se conduzir pela vontade da esposa. A exuberância de sentir-se realizada vem à tona, ao exigir, até mesmo em público, excessos de carícias do mais novo capitão da Guarda Real, ocasionando-lhe por vezes sério constrangimento.

Através do pensamento – essa poderosa força magnética, impulsionadora tanto do bem como do mal, mas que se mantém muda –, o desajustado rapaz, nessas ocasiões, procura ultrapassá-las, evocando a figura nunca esquecida da ex-noiva.

A súbita maternidade da irrequieta viscondessa força-a a retornar a Paris, antes do prazo programado e, pela vez primeira, os seus circunstantes a vêem compenetrada, obedecendo as orientações médicas e acatando-as meticulosamente. O marido a cerca de todo o carinho fraternal e atenção, embevecido com o próximo acontecimento. Espera, ansioso, o momento de espreitar o novo ser em seus braços, pois, não obstante o desamor para com a esposa, o filho se lhe parece a bênção de Deus ao seu imposto matrimônio. A dedicação do marido pela chegada do pequenino ente enternece a futura mãe que, favorecida pela mudança de ares, faz reavivar-lhe as cores, adquirindo novas forças e vitalidade.

Decorridos os meses carentes, nasce-lhes um lindo menino, que recebe o nome do pai, de tez alva rosada, anelados e sedosos cabelos negros. Dois buliçosos olhinhos pretos completam a beleza do pequeno Carlos de Saint Moritz Giraud, herdeiro dos títulos de conde de Savres e visconde de Toulon.

Poderiam eles, bafejados com a chegada do primogênito, levar uma existência tranqüila, sem rusgas e atritos. Não o permite o ciúme doentio da jovem senhora, a dificultar esta possibilidade, com a atração irresistível, pressionada por falsas amizades, de voltar-se ela intensamente para a vida social, constituindo-se seu suntuoso palácio em encontro obrigatório de toda a fina nobreza.

A vida do casal transcorre entre as inocentes travessuras do pequeno Carlos, que é o maior sustentáculo daquela união, e as diversas fases a que o temperamental gênio da viscondessa acarreta ao esposo. Das cenas de ciúmes sem conta e disparatadas na pessoa das próprias amigas, a julgarem como base essencial o belo aspecto físico, para conquistar-lhe o esposo, ou a evocar o passado através da jovem baronesa, ao vê-lo pensativo e sorumbático:

– Continuas preso àquela bruxa. Ela te enfeitiçou de tal maneira que ainda hoje só pensas nela...

Compreende, enfim, ao notar o amor com que o atual capitão se entrega ao filho, que jamais lhe conquistará o afeto integral como julgara. Tinha-lhe o corpo nas obrigações de esposo, a que ele se curvava com restrições; todavia, seu coração, sua alma, seus predominantes sentimentos permaneciam ausentes de seu convívio.

– Não sei do que falas, Madalena. Bom seria se te desvelasses mais pelo nosso filho, ao invés de entregar-te às noitadas que te prejudicam a saúde.

– A mim não enganas, sabes que me refiro à Helena de Valois, em quem não cessas de pensar.

– Não te permito trazeres o nome de Helena à baila, ela nada tem a ver com meu comportamento – redargúi Carlos. – Tu, sim, devias estar preparada para aceitar-me tal qual me posso dar a ti.

Quando se aguçavam as discussões, tornando-se calorosas, o pai ou irmão intervinham, ou ele próprio deixava o aposento para, momentos depois, a jovem esposa procurá-lo, submissa e arrependida, entrecortada de súplicas de perdão, enlaçando-o por fim em seus abraços e em efusivas demonstrações de carinho...

Os dias sucedem-se um após o outro, transformando-se em meses, estes em anos.

Servindo agora no corpo diplomático, cargo para o qual fora indicado por sugestão do sogro, em vista da doença nas pernas, Carlos é obrigado a ausentar-se inúmeros dias em meio aos maiores protestos da esposa, o que a deixa contrariada, mas que para ele são momentos de rara tranqüilidade e paz. Na volta ao lar é recebido com as mais absurdas cenas de ciúme, perguntas sem nexos, ou a ausência da jovem senhora entregue a divertimentos nas quintas de sua propriedade, que mais o distancia dela.

Desencarnada a mãe, única que lhe apoiava o gênio irascível, partindo para a represália por não ver suas exigências satisfeitas, Madalena, conquanto ame ao filho intensamente, com a desculpa de fugir à solidão, ou na tentativa de esquecer as frustrações do seu casamento, entrega-se a total descontrole social. Não hesita nem diante das recomendações médicas, ao notarem-se-lhe as recaídas que seu estado físico vem apresentando, não se deixando envolver, porém, em situações vexatórias à sua moral.

Difícil é deduzir-se pelos seus desatinados atos o objetivo a atingir, estando num ponto onde nada a satisfaz. O amor pelo marido não arrefecera, ao contrário, aumentara não só em intensidade como em exclusivismo, mas, é bem uma verdade inconteste, todo amor para sentir-se plenamente realizado, ao doar-se, exige a mesma sintonia e receptividade. Quando uma das partes não lhe satisfaz a exigência, ressente-se, fecha-se em diferença ou busca um outro 'eu' que se lhe possa preencher o vazio. A jovem senhora, temperamental de índole, porém também corajosa, é dessas criaturas difíceis de se prenderem a alguém; no entanto, quando se entrega não conhece meios-termos, daí ter ido a extremos para concretizar o anelado sonho de unir-se ao então ex-oficial. Por diversas vezes invadira-lhe a consciência o remorso, ao lembrar-se do semblante meigo e belo de Helena de Valois, sua total abdicação, no testemunho máximo de renúncia às vaidades e coisas fúteis do mundo. Inveja-lhe a grandeza espiritual e, claro, sabe que não poderá nunca comparar sua afeição à da jovem ex-baronesa. No silêncio de seus pensamentos, busca na bebida, no gargalhar às soltas, dissimular a verdade no tocante à sua vida sentimental.

Todo um punhado de elos vai se fechando em torno da senhora Carlos Giraud, não permitindo que ela sinta a magnificência do amor de mãe, um meio certo e eficaz que Deus pusera a seu alcance em que sua alma encontraria a motivação e recursos de sobreviver em paz e elevação. Deus, em Sua misericórdia e divina sabedoria, enviou-lhe o filho através do qual poderia valer à viscondessa amenizar os seus desencontrados momentos de oscilação. Todavia, sendo a oração relegada ao esquecimento, sem munir-se dos atos de caridade ao próximo, enceguecida pelo luxo e fausto a que se acostumara desde que nascera, ao contrário, vincula-se cada vez mais à vida ociosa da sociedade parisiense. Aos poucos, Madalena é mais assiduamente dominada pelas inúmeras falanges de desencarnados que a espreitam e alegram-se com a invigilância da fidalga.

Há poucos meses, o filho único do casal completara quinze anos. Agora um guapo rapazola, o visconde Carlos de Saint Moritz Giraud ficara em Paris, preso aos estudos, enquanto seu pai viajava, embora nos domínios da França. Pela vontade da esposa, o agora diplomata abandonaria a carreira, em vista de possuir vasta fortuna e bens, suficientes a proporcionar-lhes uma existência tranqüila. Todavia, não só porque além do filho é a única coisa que lhe resta de seu agrado, não concordara Carlos em passar a vida às expensas da mulher, como um ocioso, não lhe atendendo o pedido.

Com a intenção de realizar vários torneios de caça, a senhora Giraud viera para sua quinta predileta, muito embora estivesse proibida, por indicação médica, de participar deles, em face da sua debilidade física, proveniente da aguda anemia que a cada dia mais se acentuava, minando-lhe as forças. Se bem que, decorridos tantos anos de casados, a viscondessa consumia-se em ciúmes, dando vagas à imaginação de que o esposo poderia bem encontrar-se em aventuras amorosas longe de suas vistas. Alimentava a idéia de que ao acontecer-lhe algo o responsável seria o marido, por deixá-la sem sua presença, motivo pelo qual precisava de distrações a fim de afugentar a solidão.

Uma chuva imprevista surgida pela madrugada deixara os convivas contumazes da fidalga apreensivos quanto à possibilidade de iniciar-se no dia seguinte o torneio programado pela nobre anfitriã.

Não levando em conta as anteriores rogativas do marido e os conselhos médicos, Madalena mandara selar seu cavalo, predispondo-se acompanhar seus convidados, uma vez que, após a chuva, o dia surgira prometendo ser dos mais cálidos, conquanto ainda retivesse as árvores e o chão ensopados de água da inesperada tormenta.

Se os hóspedes demonstraram surpresa inicial, a viscondessa, empolgada por ser alvo de atenções, monta com a elegância de seu porte, muito embora, conhecendo toda a sua precariedade física, não se atemoriza, certa de que não obterá nunca o amor do marido, como desejara. Não se abate, enfrenta a situação por si criada com a altivez que sempre demonstrara seu espírito: cair de pé. Outrora, como rainha da França, cometera erros sobre erros. Chamada agora para o despertamento a fim de seguir novas trajetórias, imbuída pelo esquecimento que a veste carnal ocasiona, deixa-se levar pelas vibrações de um amor imaturo que, entretanto, lhe atinge os recônditos da alma, despertando-a para a subida ao encontro do Ser Supremo, criador de todo o Universo. A partir daí, a ex-rainha, para conseguir a sublimação do amor que em si estava adormecido, deverá retornar muitas outras vezes ao plano terráqueo, que a levará de resgate em resgate a conquistar aquilo a que todos têm direito: amor e paz.

Amazona segura, esporeia o cavalo, que lhe obedece aos manejos. Embrenhando-se mata adentro, distancia-se dos demais. Conhecendo melhor que ninguém seus domínios, dirige-se a viscondessa para um local onde há fartura não só de aves, bem como de animais rasteiros. Em dado momento, parte da comitiva que lhe vinha no encalço é sobressaltada por um tiro, seguido de pesado silêncio.

As deduções e conjecturas cercam sempre todo acontecimento quando não há testemunha ocular do fato. Os que chegam primeiro ao local encontram a senhora Giraud desacordada, um dos pés preso ao selim e o seu mosquete à curta distância. Como se cumprisse um fatídico destino, fora Madalena atingida pelo disparo na mesma região anteriormente acidentada. Com a profundidade do ferimento, segue-se uma hemorragia que reserva à arrebatada viscondessa pouco tempo de vida.

A verdade é que não contara a intrépida amazona, ao ver os verdes prados aquecidos pelos tênues raios de sol, que ao penetrar na mata densa depararia com inúmeras poças de água a susterem detritos vários, galhos, folhagem, raízes, arrancados das gigantescas árvores pelo intempestivo aguaceiro. Dera soltas às rédeas atrás de uma caça ao mesmo tempo em que trazia a arma engatilhada. Súbito, o cavalo, que vem a toda brida, tropeça em uma das muitas raízes expostas. Com a velocidade da corrida, projetam-se sua montaria e montadora à distância, ficando ele próprio com as patas traseiras quebradas.

Levada às pressas para sua moradia, de imediato são expedidos correios ao encontro de seus familiares. Nos poucos instantes de lucidez a escaparem da moribunda, nota-se-lhe a força com que tenta agarrar-se à vida, balbuciando o nome do marido, dando impressão de que o espera e que é o único retardatário, para então sucumbir. Somente após quatro dias decorridos do grave acidente, o então diplomata chega ao pé do leito onde a esposa aos poucos desvincula-se do invólucro carnal. Convém salientar que não era propriamente sua força de vontade que a mantinha com vida, mas sim a misericórdia do Pai, que lhe permitia ir aos poucos penetrando na vida de além-túmulo, muito embora não levasse ao término da presente jornada obras a lhe endossar uma serena passagem.

Ao segurar a mão do marido, seus olhos já nublados pela última lágrima abrem-se lentamente, buscando-o. Sobrepondo-se à total fraqueza que lhe consome as derradeiras energias, a nobre senhora, num esforço inaudito, articula:

– Carlos... perdoa-me... não te fazer feliz... como desejei...

– Não te canses, Madalena, descansa.

Sem levar em conta as advertências do esposo, a agonizante continua:

– Deixo-te... nosso filho... Ama-me... um pouco... através...

Não conseguira a viscondessa terminar a frase. Com a presença do esposo, a quem a seu modo amara, ao sentir-se tocada por ele recrudesce em si o amor que se volatiliza de seu coração e se extingue, finalmente, o resto de vida física naquele espírito impetuoso, comprometido com as leis de Deus, mas também sequioso de amor. Exalara seu último suspiro Madalena de Saint Moritz Giraud, condessa de Savres e viscondessa de Toulon...

15. Redenção de uma Alma

Incorporando-se à vida que o noviciado se lhe depara com as inúmeras atribuições, Helena de Valois se entrega de corpo e alma a todos os serviços que o voto humilde exige para a sua formação religiosa. Na ânsia de esquecer seu fracassado sonho de amor, empenha-se nos novos encargos ao ponto de, cansado ao extremo o corpo, extenuado, ao deitar-se o sono a faz olvidar o transe por que passara.

Ao lavar as diversas dependências da confraria, em vão reprime o pranto a misturar-se com a água dos pisos; ou não consegue abafar os francos soluços ouvidos debaixo do travesseiro sobre o rosto. Levada pela inspetora de disciplina à presença da madre superiora, recebe seguidas advertências.

O silêncio rígido que envolve toda a vida religiosa faz com que a ex-baronesa se distancie em seus pensamentos. Não obstante as perseverantes tentativas de trocá-los pelas orações, surpreendia-se a chorar pela teimosia em que o passado se fazia presente a fustigar-lhe a alma, pelos ventos da intensa saudade e solidão...

Vindo do extremado conforto para o desempenho dos mais rudes trabalhos, com seguidos jejuns, açoitada pelas reminiscências dos sofrimentos ainda recentes, após seis meses de noviciado Helena desmaia em certa manhã. Acometida de depauperamento físico é recolhida à enfermaria por algumas semanas.

Esse primeiro decaimento físico a faz temer que a julguem as autoridades eclesiásticas não estar ela em condições de seguir sua vocação. Daí em diante, evita o mais possível comparecer à enfermaria, dissimulando todo o mal-estar. Tudo mudara em sua vida. Vira-se tão diversamente atirada a uma outra forma de viver que não sabia o que mais lhe doía na alma, se as saudades do lar, ao ver sua mãe precocemente envelhecida, ou se seu pai – sem o antigo assoberbado orgulho –, mas alquebrado, vencido, ao convencer-se de que fora impotente toda a sua imensa fortuna e condição nobiliárquica para fazê-la feliz. E o que pensar do anelado sonho na pessoa do jovem e garboso oficial, que era a encarnação viva do sublimado amor e encerrava todas as primícias que seu coração ambicionara, por quem sua alma pulsara intensamente, enchendo-a de promessas as mais doces e vibrantes. E tudo se esvaíra, não passara de uma fugidia ilusão!...

Ali estava a última descendente do ramo nobre da família em um convento, a fazer todos e tantos dos mais humílimos serviços, como uma simples e modesta burguesa.

O sincero e profundo afeto que ligava à sóror Maria Assunção lhe era de grande valia. As advertências da boa madre, não podendo fugir a determinadas regras, propiciavam-lhe também, a pretexto de punição nas horas de oração recolhida à cela, momentos de descanso dos encargos pesados e refazimento das crises morais a que estava sujeita a jovem noviça.

Nas visitas que recebia dos pais e de sua governanta, esta em vésperas de casar-se, nada indaga a respeito do ex-noivo, e os visitantes também, por sua vez, nunca mencionam o nome dele.

Para quem passa sérios abalos morais, enquanto o presente não se reverte em distante passado, as manhãs e, sobretudo, as noites parecem intermináveis, até que o acúmulo de dias transformem-se em meses, seguindo-se os inúmeros meses em anos...

Transcorrido razoável período de noviciado, em uma nevoenta e fria manhã de dezembro, com a presença de seus pais e alguns poucos amigos que fizeram questão de comparecer à solenidade, além dos serviçais prestimosos que muito a estimavam, consagra-se em definitivo à vida religiosa a bela baronesa Helena de Valois.

A imponente catedral, ornamentada abundantemente de rosas brancas, os círios e luzes totalmente acesos, apresentava-se soberbamente engalanada para uma das mais sérias e tocantes cerimônias religiosas. Obedecendo à ordem de chamada pelos sobrenomes, no final da missa as novas freiras, uma a uma, recebem a indumentária complementar e o novo nome que doravante usarão pelo resto da vida. Nessa circunstância, Valois fará Helena ser a última das freiras consagradas.

Ao penetrar na dura vida de afazeres do claustro, vinda de uma vida totalmente diversa, aos poucos foi a jovem fidalga adaptando-se aos costumes e rígidas normas, ao ponto de surpreender aos que esperavam não pudesse ela chegar ao fim da nova experiência. Pouco falava, procurava tirar proveito dos sofrimentos agora mais amainados e ajudar às que chegavam em idêntica situação. Tinha facilidade de expressões ao infundir coragem, tanto quanto ao rezar, o que a fazia adquirir o hábito de, em seu silêncio, estar constantemente ligada ao Alto, através do pensamento em oração. Assim, antes do momento culminante de sua confirmação religiosa, é surpreendida com ligeira emancipação de seu espírito ao deitar-se. Sua formosura mais se refinara, acentuando-se nos traços serenos e belos, ornados com os lindos e penetrantes olhos azuis.

Tão logo se vê ordenada, a ex-baronesa segue em viagem para a Espanha, indo servir no Convento das Carmelitas, de onde provém sua admiração pelas rosas; ingressa ao mesmo tempo em uma escola de enfermagem e, bem antes de terminado o curso, começa a trabalhar na cidade de Barcelona, em um hospital de doentes do pulmão, no setor feminino.

Aí então, pelo seu modo de agir, principalmente por sua beleza, a nova serva de Jesus é testada pela incompreensão de suas irmãs e dos homens com quem por dever de profissão passara a conviver. Muitos foram os assédios, várias as formas, diversas as propostas, no entanto, a força com que se desprendera das coisas mundanas, a fé depositada nas elevadas entidades, em nome de quem servia, escudada pela oração constante, ia ultrapassando os obstáculos, superando as fases difíceis, vencendo as tentações. Com o passar do tempo, o desempenho de suas funções de enfermeira granjeara a confiança dos superiores, a estima dos colegas e o respeito de todos os que a cercavam. Meiga até no falar, submissa às ordens ou instruções, não hesitava em acatá-las quando certas, executando-as da melhor maneira quando erradas. Sua dedicação a fazia passar horas de seu descanso à cabeceira das enfermas, sendo surpreendida várias vezes em fases de extrema prostração física. O trabalho, dizia, era a melhor maneira que tinha de enriquecer-se aos olhos de Deus. Perdera, antes, muito tempo. As distrações, compreendia-as no plantio de rosas e sua colheita, depositando-as aos pés da imagem de Jesus e de sua Mãe. Outrossim, visitando a parte destinada às crianças doentes, contava-lhes histórias, cantarolava e tocava piano para entretê-las.

Chamada às pressas a Paris, chega a tempo de despedir-se da mãe, que desencarnaria horas depois. A morte da esposa atinge sobremodo o barão, que recusa as propostas da filha em ficar perto dela em Barcelona, impossibilitada de viver na França, cujo passado de forma alguma deseja volte à tona, com encontros ou perguntas inoportunas. O pai não lhe acata as argumentações, apenas concorda em desfazer-se do imponente palácio, passando a viver em um menor, pois, afirma, não sobreviverá muito a tão rude golpe. Em verdade, poucos anos transcorridos da desencarnação da mãe, volta ela a Paris para o sepultamento do pai, que já encontrara morto.

Há quem, ao sentir-se na vida espicaçado pelo sofrimento, chega a um ponto em que se revolta, quando não tem visão suficiente para compreender os desígnios de Deus. Acata-os às vezes com a resignação da crença que professa, mesmo seu passado lhe sendo indecifrável. Mas, conquanto não acredite sejam os sofrimentos uma decorrência de erros perpetrados no pretérito, pelo menos mune-se da confiança e fé em Deus que as religiões cristãs propagam através do Evangelho de Jesus.

Ao ver-se privada do último membro de sua família, a única herdeira de vários potentados, mediante documento assinado, transfere a um doutor em lei todos os direitos para que legalize as doações que faz em generosas gratificações aos leais servidores e às diversas casas de caridade e igrejas, conforme sua crença. Nos poucos dias em que esteve em Paris, por mais evitasse, não foi possível impedir de todo ser visitada por antigas amigas e conhecidos, como o visconde Marcelo que, respeitoso, vem apresentar-lhe as condolências. Logo que são satisfeitos os requisitos legais da procuração, volta a religiosa ao seu posto de enfermeira.

Ao atingir o amadurecimento da vida e tendo passado por diversos pavilhões do sanatório, é avisada a dedicada servidora de que, dentro de alguns meses, será transferida para o setor infantil, com o cargo de chefia. Enfim, via realizar-se o seu mais ambicionado desejo de conviver com os pequeninos doentes.

Entrementes, em uma das suas inspeções de rotina, o que fazia mesmo quando não estava de plantão, detém-se aos pés de um leito que horas antes estivera desocupado. Sua ocupante, ainda jovem, traz a marca do país em que nascera, não obstante a acentuada palidez da pele macilenta, as profundas olheiras e a relativa magreza. Seus traços denotam a beleza predominante de sua raça. Nas anotações médicas lê-se: *Rosa Ortiz. Profissão: bailarina-cantora. Residência: recolhida do café Las Palmas. Diagnóstico: crise aguda de hemoptise pulmonar.* Seguem-se a data da entrada e os medicamentos. Pela hora em que fora recolhida, a bailarina deverá dormir mais algumas horas, dando tempo a que a dedicada enfermeira termine sua vistoria.

Ao voltar, prostra-se em prece ao pé da enferma artista e enxuga-lhe o suor a lhe inundar a testa. Aos poucos Rosa vai despertando, aumentando-se-lhe a agitação nas palavras desconexas que profere e de que se deduz um causticante remorso a lhe corroer a consciência.

A boa serva de Jesus condói-se da infeliz moça, cercando-a de carinho como também de palavras confortadoras, amenizando-lhe os danosos sofrimentos morais. Vem a saber que teve parte atuante em um trágico triângulo amoroso, deixando-se levar pela ambição de tudo exigir sem nada oferecer em troca; provocara um drama entre dois irmãos. Volve à mente da bondosa religiosa o seu distante passado, em que precisou, como testemunho do imensurável amor, renunciar à vida não só romântica, mas de conforto e diversões.

Como eram diferentes aquelas duas criaturas criadas pelo mesmo Ser Supremo. A ex-baronesa renunciara por um sentimento que a elevara pelos sofrimentos e se sublimara através de sacrifícios e doações. A bailarina espanhola, por sua vez, ao receber o amor, o nome e a fortuna de um dos mais honoríficos cavalheiro da Espanha, não lhe atendera ao único pedido, qual fora o de abdicar à vida artística. Deus, porém, em Sua permanente misericórdia, mandava-lhe, por meios das consoladoras palavras da inspirada freira, o bálsamo carente para o seu espírito conturbado e comprometido com as leis do Onipotente.

Alguns meses depois, desencarna Rosa Ortiz. No entanto, o vínculo que a ligara à devotada servidora do Rabi da Galiléia, a enfermeira do corpo e da alma, jamais se desfaria; ao contrário, estariam para todo o sempre unidas pelos sagrados laços do amor fraternal. Seria ela, a inexperiente e invigilante bailarina, o instrumento de que se valeria a vitoriosa irmã de caridade no futuro para transmitir aos irmãos do plano terráqueo seus incentivos e os seus concludentes roteiros, que lhe granjearam a grinalda de flores etéreas e a palma da vitória, tão ambicionada por todos.

Ao ficar viúvo, o então diplomata Carlos Giraud faz-se despercebido das investidas amorosas das jovens e senhoras solteironas. Divide as suas atenções com o filho único e a carreira, que lhe oferece oportunidade de distrações várias, não só em percorrer algumas cidades da França, como, em comitiva, visitar outros países a serviço da corte. No ensejo de ir a Madri, aproveita para visitar Barcelona, com o principal intuito de rever a ex-noiva, que, soube, servia àquela época em um dos hospitais-sanatórios daquela cidade.

Os colegas de comitiva dispersam-se a visitarem diversos pontos da cidade, salientando-se os cafés-concerto e as casas noturnas de espetáculos, enquanto o conde de Savre prefere percorrer os lugares pitorescos, em contato com a natureza. Ao chegar a noite, detém-se em uma das refinadas casas noturnas, cujo nome lhe parecera bucólico, sobressaindo do letreiro "La Reina" a estampa de uma rosa. O traje oficial com as insígnias da França faculta-lhe gentilezas e especial tratamento, tanto que lhe é designada uma das mesas ao pé do palco onde a cantora e bailarina Rosa Ortiz deverá, daí a poucos minutos, apresentar-se. A curiosidade aumenta no distinto militar e diplomata ao verificar a assistência, em grande parte constituída da fina e requintada sociedade espanhola, bem como a impaciência de seu vizinho de mesa, um bem apessoado cavalheiro que a bailarina irá mais tarde esposar.

Na manhã seguinte, de indagações em indagações que lhe são facilitadas pelo cargo que exerce, vê-se o viúvo da viscondessa na capela do hospital, onde serve sua antiga prometida, a assistir a uma das missas matutinas. Ao distingui-la no grupo de freiras que se encaminham aos bancos da igreja, uma sensível emoção lhe assoma o íntimo. Com o olhar a religiosa percorre a nave, como a pressentir o magnetismo a buscá-la através dos olhos do antigo noivo; no entanto, o ex-oficial, que compreende não ter o direito de perturbar-lhe a paz tão dificilmente conquistada, esconde-se atrás de uma das pilastras.

Nas semanas que passa em Barcelona é freqüente sua presença pela manhã no ofício religioso, a que assiste em discreto recolhimento, em comunhão com seus pensamentos. À noite, sendo a "La Reina" um ponto não só de atração para estrangeiros, como freqüentada pela elite local, acaba se tornando o centro de distrações para a missão francesa em visita à cidade. "La Reina" era cercada pela contagiante simpatia de sua artista principal que, das palestras de simples cortesia se torna, com seu futuro esposo, cicerone da comitiva, proporcionando recepções no suntuoso solar dele, partindo todos para uma salutar e informal amizade.

Ao despedir-se, o ex-oficial convida os novos amigos para visitá-lo, após efetuar-se as bodas, entregando nessa oportunidade um cartão com seu nome e endereço. Todavia, ao voltar tempos depois, vem o diplomata a saber do doloroso destino de Rosa Ortiz, no trágico e fatal desfecho amoroso que a levou à sepultura prematuramente.

Por fim, tornando-se mais intensos e constantes os achaques reumáticos, a lhe dificultarem a locomoção, decide-se abdicar da carreira que com tanto empenho abraçara.

Passados vários anos, servindo no setor pediátrico, eis a humilde servidora do Crucificado do Calvário de volta ao Convento das Carmelitas, em virtude da idade a exigir-lhe menos desgastes físicos. Dois anos depois é requisitada para assumir o cargo de madre superiora do convento em seu país de nascimento, cargo que mantém até à sua morte corpórea, proporcionando-lhe a conquista de muitas outras afeições, pelo seu temperamento humilde e terno. Ao empregar nas reprimendas palavras de mansuetude, partia do princípio de que tudo que fizermos, se empregarmos o amor, não daremos oportunidade para que a ira apareça.

Problemas diversos no tocante à saúde vinham retendo a prestimosa madre no leito. Porém, certa manhã de dezembro em que os sinos da igreja dobravam mais sonoros em louvor a alguma celebração especial daquele dia, não houve argumentos que a fizessem deixar de comparecer à missa matinal, com a participação de toda a comunidade. Tanto mais que fora num dezembro distante que, após o noviciado, ocorrera a solenidade de sua definitiva consagração à vida religiosa. Assim, em uma cadeira de rodas se faz conduzir a dignitária religiosa, colocada ao lado da primeira fila e sendo assistida por uma das noviças que a cumula de cuidados e especial carinho.

Pouco depois de iniciado o ofício religioso, a enferma madre não se sente bem, todavia, acreditando ser um mal-estar passageiro, devido ao seu precário estado de fraqueza, tenta reagir. Valendo-se da oração, desfia com mais veemência o seu rosário. De repente, escapa-lhe a enfiada de contas de uma das mãos, enquanto a outra pende ao colo no momento em que, na tentativa de reagir à tonteira, levanta o rosário, buscando a testa. A cabeça pende-se-lhe sobre o tórax. Acabava de singrar as planícies siderais o espírito cujo nome nunca reproduzirá tão fielmente quem o levara: desencarnara a ex-baronesa Helena de Valois, na pessoa da humilde serva de Jesus, sóror Maria Angélica.

Ultimamente, havia dias em que Carlos os passava retido no leito, as pernas inchadas e doloridas, fatores que lhe eram amenizados pelo carinho e dedicação do filho único, agora um bem formado rapaz. Quem o visse pensaria estar vendo o pai nos seus primórdios anos de juventude, quando lhe povoaram a mente os sonhos da mocidade no ardente desejo de pertencer ao corpo de oficial da Guarda Real.

Quando melhorava, enfiava-se na biblioteca, agora o seu mundo, onde, lendo ou ensimesmado com seus pensamentos, detinha a revolver o longínquo passado e procurava em seus alfarrábios – que estiveram guardados em seu antigo lar e que agora podia revê-los à vontade – as poesias à amada noiva, das quais retivera cópias, as cartas dela, o anel de noivado e o espadim que a irmã lhe entregara.

Naquele amanhecer de um novo dia, o sono a princípio agitado dera lugar a uma incômoda insônia, que o levara a madrugar no seu aposento predileto. Acende o abajur e senta-se em sua poltrona preferida. Não conseguindo definir ao certo a opressão que lhe comprime o peito, deduz tratar-se de uma ligeira indisposição para a qual não encontra de imediato explicação. Seis horas assinalara há pouco o relógio. No calendário, o mês de dezembro e aquele mesmo dia em que Helena deixara o leito para participar das celebrações que lotavam a igreja. Assoma-lhe ao pensamento a figura da ex-baronesa e, instintivamente, abre uma das gavetas da escrivaninha. De um pequeno cofre retira a carta-adeus, amarelada pelo tempo, a qual sabe de cor, mas que nunca cessou de reler.

Ao término da leitura e de suas reminiscências, levanta as vistas do papel e passa rápido as mãos pelos olhos. Pareceu-lhe vê-la, ali, estuante de vida e beleza, onde seus olhos muito azuis expeliam vibrante magnetismo, enquanto um suave odor de rosas impregnava o ambiente. Sentindo como se lhe roçasse a face uma amena brisa, o coração acelera as batidas. Olhando à sua volta, nada vê que lhe decifre os enigmáticos acontecimentos. As janelas permanecem fechadas, tudo voltara ao normal. Confere as horas: 6h20m da manhã. Quinze minutos depois, ouvem-se ao longe os sinos da antiga igreja a badalarem, não mais em sinal de festa, desta vez de luto, e um angustioso pressentimento o invade. Instantes mais tarde, confirmado pelo serviçal, desencarnara a madre superiora sóror Maria Angélica. Diante da notícia, o antigo oficial compreende, enfim, os fatos pela madrugada, no sinal de despedida que lhe viera dar a sua sempre amada e nunca esquecida Helena de Valois.

Intimamente sente que muito breve se juntará a ela e que bem poucos anos lhe restam no orbe terreno. O jovem visconde Carlos o representou nos funerais e nos demais atos religiosos. Uma semana depois, a filha da que fora governanta da antiga baronesa, e que era sua afilhada, lhe trás o rosário pertencente à falecida madrinha.

Com ele, o ex-militar vem a sentir as emanações que aquele corajoso espírito deixara e, nele, as vibrações de sua alma até o último alento. Por sua vez, ao pressentir iminente seu desenlace, presenteia-o ao filho, relatando-lhe em todos os detalhes o drama amoroso e pungente por que passara um valoroso oficial.

Fim da Primeira Parte

SEGUNDA PARTE

Na Espiritualidade Maior

(Sóror Maria Angélica, a outrora baronesa Helena de Valois, serenamente retorna à Espiritualidade Maior, onde se deixa enlevar pelas reminiscências de um passado mesclado de profunda dor e também de glorioso amor. É seu, doravante, o testemunho que oferece da sua chegada, da sua história, da sua resignação e da sua imorredoura fé em Deus e no Cristo.)

16. Reminiscências de um Espírito

"Uma forte tonteira seguida de sonolência invadiu-me o ser. O coração, que acelerava a princípio suas batidas, cessara de repente e, por mais tentasse resistir ao inoportuno sono, sentia invadir-me um torpor que me deixava semiconsciente, enquanto uma languidez se assenhoreava de mim. Ao mesmo tempo, uma sensação de bem-estar e leveza permitiam-me vislumbrar que, amparada por braços generosos, minha alma deixava para trás uma esfera cinza pardacenta para entrar em outra, onde o azul em várias nuances e de beleza indescritíveis era a tônica preponderante. Abandonei-me ao sono e não sei quanto tempo dormi, mas acordei em um alvo leito, bem disposta, com alguns sinais de rejuvenescimento. Dir-se-ia que estava em um hospital semelhante aos do plano físico, só que se diferenciava pelas características de sutileza e de harmonia. Mais tarde pude verificar que, de acordo com as emanações do espírito, são eles imantados à colônia à que mais se ajusta. Assim, quando despertado um irmão – uma vez que a misericórdia de Deus atinge a todos –, onde os visgos da vida que levara na matéria se lhe aderem ao perispírito danificando-o, ele é levado para o ambiente onde os recursos são inerentes às suas necessidades. Melhor exemplificando: assim como na terra existem hospitais para cada tipo de doença, apresentando-se com sua atmosfera menos densa, as de rotina e de menor expressão, aqui também os que se apresentam com a aura emoldurada pelas boas obras e atributos necessitam tão-somente de passes magnéticos e revigoramento de fluidos que lhes devolvam o equilíbrio do meio ambiente. Em bem pouco tempo, adquirem a vitalidade, incorporando-se ao novo plano com desenvoltura, sem maiores dificuldades.

"No entanto, nos primeiros dias de chegada ao novo plano a curiosidade jazia em mim de forma tão marcante. A severa disciplina a que estava habituada pela vida monástica impedia-me as inúmeras indagações. Os prestimosos irmãos que de mim cuidavam pressentiam a minha curiosidade e sorriam, bondosos, sem contudo satisfazê-la.

"Extasiava-me diante das flores de cintilações indizíveis desprendendo-se delas permanentes odores que, embora diferentes, agiam como medicamentos e rejuvenescimento.

"Quando nos detivermos a olhar e analisar de per si o que nos rodeia, estaremos em melhores condições de compreender o porquê de nos situarmos neste plano e de entender que tudo que há nele de mal é uma decorrência automática do homem empedernido no orgulho e no egoísmo. Ainda assim, o Pai, em sua infinita bondade, permite que seja envolvido de beleza sem par, não só a fortalecer-lhe a alma, como para despertá-lo, fazendo-o possuir a necessidade de progredir para o bem e para o amor imortal. Apesar de toda a negatividade em que o ser humano persiste em viver, momentos há em que sente a necessidade de evoluir e conquistar enfim a sua verdadeira morada, na pátria espiritual, da qual nos falou o meigo rabi da Galiléia em seu sublime Evangelho de luz e de amor, único a proporcionar-nos roteiro certo e seguro.

"No quarto dia já me levantava e fui informada de que receberia inúmeras visitas, sendo que uma esperava a ocasião de entrar. Foi quando me vi envolvida em um abraço. Difícil se me tornam as expressões para traduzir as vibrações de amor que senti na troca do amplexo com a minha grande amiga e irmã sóror Maria Assunção. Dela recebi os esclarecimentos preliminares à sobrevivência da alma. Recebi instruções sobre meus futuros afazeres com informações sobre os que foram meus pais. Todavia, ardia em mim, como uma febre incontrolável, a vontade de saber notícias daquele que se resumira no motivo único de minha existência. A boa orientadora esclareceu-me de imediato, pois, em verdade, a formulação por mais remota de um pensamento é captada dentro da sintonia em que é expressada, advindo, se bem feita, resposta de igual modulação:

"– Compreendo, querida filha, a tua ansiedade em reveres aquele que complementa a tua alma, no entanto, precisas antes fortalecer-te e revigorar o teu espírito para que estejas em condições de auxiliá-lo ao fazer a mesma passagem.

"O corpo espiritual da antiga madre era revestido de uma túnica alva de onde se percebiam modulações bem postas no seu todo, proporcionando bem-estar a quem se lhe aproximasse.

"Na parada que fez, alisou-me a testa e tocou-me na fronte, permitindo-me sentir todo o seu afeto e carinho por mim. Após, continuou:

"– Irás vê-lo durante o sono, quando o traremos aqui. Então poderás suavizar a saudade que sentes.

"Beijando-me, pouco depois se despedia. Alguns dias passados, deixava eu o hospital espiritual e dava início às minhas tarefas, aguardando o momento oportuno de avistar-me com Carlos, durante o sono.

"Antes mesmo de completado um mês de minha passagem, ele foi trazido à minha presença e, no abraço que trocamos, depreendi que continuava forte e profundo o afeto que nos unia. Por certo que Carlos, ao despertar, senter-se-ia malogrado, porém, deixei-lhe patente, indelevelmente decalcado em sua alma, o nosso encontro noturno, como vibrações que lhe confirmariam que o nosso amor permanecia intenso, estuante de força, não obstante todos os reveses por que passara. Prosseguiria vitorioso por toda a eternidade.

"Aos poucos fui amoldando-me à nova vida e, certa vez, fui convocada a uma reunião em um dos muitos centros da comunidade. Foi então que me vi cercada por vários irmãos aos quais, por diferentes maneiras, eu os beneficiara no transcurso da vida terrena e ali estavam para transferir as suas emanações em forma de gratidão que, assimiladas pelo meu perispírito, chegavam-me ao espírito como vibrações de suave enlevo. Ao registrar esses pormenores afianço que nenhuma emoção terrena, nenhum galardão, por maior significância se compara ao que sentimos na espiritualidade pelo bem que praticamos aos nossos irmãos. Foram essas as demonstrações de carinho mais gratas ao meu espírito.

"Integrara-me por completo à nova situação e, juntamente com o cumprimento das minhas tarefas, desbravava as belezas do plano em que estava, já o fazendo com a intenção de pesquisar, tentando avistar os dois espíritos que deixaram profundas marcas no meu.

"A disciplina aqui na espiritualidade é um dos fatores que demonstra o grau de adiantamento. Disciplina é sinônimo de humildade, ou seja, acatamento às leis de Deus, pois que para tudo há os momentos determinados.

"E eu, na minha incompreensão, impacientava-se, pois, desejosa de saber notícias sobre Madalena de Saint Moritz e Rosa Ortiz, que me antecederam na subida, não queria correr o risco de ser advertida, uma vez que, se não as avistara, deveria ser porque a ambas ainda não foram dadas condições de penetrarem naquela colônia espiritual. Conquanto a minha inexperiência da nova fase me levasse a impacientar-me, isso era perdoável, pois o que me impelia a agir assim era o sincero afeto que me ligava àqueles dois espíritos, aos quais ficaria doravante presa por laços do mais intenso amor.

"Entrementes, certa vez, recebo um convite, pelo irmão coordenador, de ajuda e amparo a desencarnados a perambularem na crosta terrena.[3]

"Era a primeira vez que me faziam semelhante proposta, e eu, não só desejosa de ajudar, como também de conhecer novos campos de trabalho, exultei e parti junto ao grupo que contava com ligação direta ao Plano Superior, na garantia dos trabalhos de recuperação. (Assim acontece em todos os casos da mesma natureza por haver, nas zonas trevosas, fortalezas onde a inteligência dos que as dirigem é tão eficiente quanto às que se vêem no plano físico, para os que se comprazem no mal.)

---

[3] Este trabalho de resgate é de livre escolha dos espíritos em grau mais elevado. Conquistando um lugar, o espírito é voltado, pelo estímulo recebido, a melhorar-se espiritualmente e, espontânea e abnegadamente, a *servir*, pelo amor ao Divino Pastor. (Nota do autor espiritual)

"A levitação nos proporcionava, além de ligeireza, a leveza de movimentos. Em poucos minutos vimo-nos na hospitaleira cidade de Barcelona, na Espanha. À proporção que avançávamos, passavam em minha mente os lugares onde estivera quando encarnada. No ponto de encontro com Rosa Ortiz, minha visão retrocedeu, numa elasticidade espontânea e revi todos os lances da angustiosa tragédia a que, como invigilante artista, tivera participação atuante.

"Ao cruzarem-se nossos destinos, vi-me, primeiramente, penalizada por vê-la tão jovem em via de morrer, quando em verdade mal desabrochara para a vida e os primeiros sonhos de juventude nos concitavam a acalentar as mais doces ilusões. Ao tomar conhecimento dos infaustos acontecimentos, mais a amei pela semelhança de nossos destinos, diferentes no efeito, mas iguais na causa: o amor.

"Pouco depois fomos encontrá-la em deplorável estado de visível perturbação. Reduzi meu potencial vibratório, tornando-me perceptível ao conturbado espírito. Ao reconhecer-me, jogou-se em meus braços em descontrolado pranto, que mais lhe prejudicava a sensibilidade espiritual. Fiz-me ouvir com palavras carinhosas e esclarecedoras ao seu novo estado, secundada pelos companheiros de empreendimento, ministrando-lhe passes magnéticos e, aos poucos, Rosa foi-se acalmando, enquanto outra equipe improvisava uma maca para levá-la semi-adormecida.

"Em minha mente repassava o dia de nosso conhecimento no plano material, pois que nossos espíritos se haviam encontrado em outras ocasiões e em diferentes situações. Muitas das vezes, por temos mal empregado certas afetividades, somos privados durante longos anos – e até por uma ou mais experiências reencarnatórias – de seres estreitamente ligados a nós, para que assim valorizemos e amemos, hoje, no sentido real, a quem desprezamos e ferimos ontem, com as nossas deficiências morais. O amor menosprezado que recebemos de alguém nos fará falta um dia...

"Lembrei-me, nesse instante, com detalhes, de nosso relacionamento na última existência:

"Ao acercar-me da cama que horas antes achava-se vazia, deparei-me com uma jovem em que os vestígios da doença não lhe roubaram de todo a beleza facial, nem lhe prejudicaram em demasia os perfeitos contornos de seu bem moldurado corpo. Dir-se-ia que a pertinaz enfermidade se contentara em introduzir-se somente nos pulmões, respeitando as demais particularidades da jovem artista.

"As palavras retesadas de angustiante remorso causavam-lhe constante agitação, que nem dormindo conseguia omitir de todo:

"– Onde estou... será que já morri... Deixem-me morrer... morrer... e acabar com todo esse... sofrimento.

"– Acalma-te, filha. Estás em um hospital. Quanto a morrer, só Deus sabe o dia e hora. Conversemos, porém, como se fôssemos amigas.

"Inspirada pelo Alto, a que como sempre recorria nas sucessivas palestras, com o correr dos dias a enferma mostrou-se mais serena e conformada, quando me dizia:

"– Se eu a tivesse encontrado antes... outro teria sido o meu destino...

"O destino somos nós que o construímos, com as nossas precipitações e impensadas atitudes; quando o inevitável acontece, fala mais alto dentro de nós a consciência, que nos convida à reformulação dos atos e diretrizes, concitando-nos a novos rumos calcados de sofrimentos e dores, mas que nos devolverão a paz perdida e nos levarão à conquista da verdadeira felicidade.

"Pedi licença à direção do hospital para acomodá-la em meus aposentos, com o que, após alguma relutância, acabou concordando.

"Com medicação a hora certa e alimentação que a obrigava tomar, Rosa teve seu estado por algumas semanas estacionado, embora os pulmões estivessem irremediavelmente afetados.

"Nesse período, descia aos jardins amparada por mim para apanhar sol e, como também amava as rosas, ajudava-me na colheita, o que a distraía, subtraindo seu pensamento dos fortes lances que lhe marcaram a vida, danificando tão cedo sua esplêndida figura. Dificilmente esboçava um sorriso. Ao palor ocasionado pela doença. Uma permanente tristeza toldava-lhe o belo semblante. No entanto, quando falava do distante passado se emocionava ao ponto de esquecer seu verdadeiro estado:

"– Quem sabe, irmã, eu ainda poderei ficar boa? Suas consoladoras palavras devolveram-me à confiança na vida.

"Mas a verdade é que aos poucos foram se lhe minando as forças, aumentando as dispnéias; compreendeu que estava chegando ao fim a sua tão curta vida, como o foram os nossos sonhos de amor...

"Desejando incumbir-me de uma tarefa, pediu-me que apanhasse em sua bolsa uma caderneta de anotações. Ao folheá-la, inesperada surpresa me tolhe os movimentos. Deparo, em suas páginas, com um pequeno e fino pergaminho, onde se lia o nome de seu ofertante em letras garrafais: Carlos Giraud.

"O meu prolongado silêncio fez com que a enferma me procurasse com as vistas, diante de minha visível perturbação, e indagou-me:

"– Que houve, irmã, não passa bem?

"Colhida pelas palavras da doente, aos poucos fui me recobrando e a curiosidade de saber como a artista conseguira aquele cartão me fez confidenciar-lhe sucintamente, sem pormenorizar, o conhecimento que mantivera com Carlos Giraud. Pelo seu relato, deduzi que há dois anos atrás, aproximadamente, certa manhã sentira como se Carlos estivesse em uma das missas matutinas. Sua presença afluiu-me tão forte que, ao olhar o interior da nave, pareceu-me vê-lo. Notei que um vulto procurava esconder-se detrás de uma das pilastras, mas, como não me cabia nem seria viável averiguar, fiquei na incerteza, confirmado-se agora pela data de que se tratava realmente de Carlos, que ali estivera, sem contudo dar-se a conhecer...

"Se as reminiscências mais aproximaram, os dramas vividos nos fortaleceram os laços de afeto; conquanto diversos os resultados, diferentes os efeitos para cada uma de nós. A causa, ontem, hoje e sempre, era a mesma e de muitos outros: amor.

"Até então não poderia imaginar que os efeitos de minha revelação, parcialmente descrita, levasse Rosa a um conformismo total. Sabia fazer-se amar, lamentavelmente, na busca da real afeição, em vista da imaturidade de seu espírito; todavia, não soubera discernir o verdadeiro amor e, nas suas palavras carinhosas e envoltas de ternura, deixou-se prender para todo o sempre.

"Decorridas algumas semanas da desencarnação da jovem artista, dei-me pressa em desincumbir-me do que prometera. Foi quando me avistei, pela primeira vez, com dom Enrico Valdez. Transmiti-lhe as palavras de perdão e adeus de Rosa Ortiz e duas sentidas lágrimas simbolizaram o sincero sentimento pela infortunada jovem, a que vieram juntar-se comovidas expressões:

"– Eu... te perdôo, Rosa... descansa em paz...

"Transcorreram mais de um século e meio para que essas palavras fossem confirmadas, transformando-se em ato de sincero perdão.

"Ao término das profundas recordações, companheiros haviam partido com Rosa para o necessário refazimento. Foi aí que demandamos rumo à revolucionária França, para que por sua vez se atendesse à Madalena de Saint Moritz, que, muito embora desencarnada há alguns anos, permanecia subjugada por espíritos de baixa escala, devido aos débitos que contraíra quando investida na roupagem de carne, em uma encarnação como desatinada rainha. As dificuldades foram inúmeras em resgatá-la à insana ordem de espíritos que a vampirizavam, não lhe dando descanso nem lhe permitindo divisar sua real situação. Todavia, no instante em que a ex-viscondessa, assimilando o benefício que lhe prestávamos, compreendeu quão diferentes e diversas eram nossas posições e roupagens espirituais, caiu de joelhos em pranto e, investindo-se de profunda humildade, clamou, sincera, sua primeira oração:

"– Deus meu!... Concede-me a Tua misericórdia!... Senhor!... Perdoa-me!... Meu Pai, apiada-Te de mim!...

"Ei-la, enfim, a antiga rainha de França encontrando o caminho da regeneração. Voltaria a reencarnar-se brevemente, oportunidade valiosa para o espírito não só de resgatar débitos, como de conseguir conquistar reais louros. E foi o ultrapassar das duras provas e os inúmeros testemunhos que lhe permitiram futuramente permanecer junto àqueles a quem se ligara pelos sublimes laços do amor.

"Ao contrário, a artista espanhola permaneceria muito mais tempo na espiritualidade, onde ficaria se preparando, trabalhando e aprendendo, sorvendo ensinamentos que lhe seriam de grande valia em sua futura reencarnação. De momento, teria que aguardar a volta do plano físico de todos os demais que lhe estavam vinculados, por maiores ou menores graus de afinidades.

"O momento ansiosamente por mim aguardado estava prestes a efetivar-se. Juntamente com nosso guia espiritual e outros amigos, velamos-lhe o envelhecido corpo, atentos, por ocasião da iminente morte física, a fim de ajudar na ruptura do laço fluídico, para proporcionar ao querido espírito melhores condições na passagem de plano. Seu pensamento, nos últimos anos, evocara-me de forma constante. E, como os irmãos da terra desconhecem o poder magnético e vibrante da carga dessa imensurável força, Carlos se via em permanente depressão física, pois nem sempre eu podia atender-lhe aos chamados.

"Ao fecharem-se no plano físico seus olhos materiais, os da alma abriram-se desmesuradamente atraídos pelos meus, em sintonia com os fortes laços que nos prendiam e a vontade ardente de rever-nos antes de mais nada. Foi tão-somente um leve piscar de olhos, e ele foi levado às casas de atendimento espiritual. Todavia, apesar de toda a nossa ajuda e amparo, não lhe pudemos evitar sofresse e sentisse os visgos que se mostravam ligados ao seu perispírito, tornando-o rude e pesado, o que me chamou atenção.

"Não consegui dissimular a tristeza que me ensombrara o espírito por observar em Carlos diferentes características do meu, relativamente aos seus reflexos emitidos. Recorri então aos préstimos de minha amiga sóror Maria Assunção, a quem solicitei esclarecimentos.

"Contando com mais tempo na espiritualidade, sendo uma das fontes de ligação entre este e o plano acima, percebi que, se a pergunta não lhe causara surpresa, a resposta a fez recorrer a seu potencial de energias fluídicas, com a intenção de manter-me equilibrada, para, em seguida, informar-me que Carlos precisaria dar cumprimento a um tributo imprescindível e de valor primordial à elevação do seu espírito. Somente assim sua aura se revestiria da luz que de momento lhe estava vetada, deixando-a opaca e áspera. Frisou, com benevolência, que só depois de nivelados no mesmo grau poderíamos realizar nosso pretendido encontro.

"Apesar dos esforços envidados, não pude evitar me afluísse o pranto aos olhos. Todavia, seus eflúvios de amor sustinham o poder de envolver-me de calma. No seu linguajar telepático, mostrou-me quão misericordioso é o Supremo Pai, mas sobretudo justo no tocante às Suas sábias leis.

"– Seria justo, querida filha, enquanto trabalhaste arduamente amealhando os louros que te ornam as vestes alvas e luminosas, que o irmão Carlos, porque o seu perispírito sofreu reparos benéficos, se fechasse num ceticismo em virtude dos parcos conhecimentos humanos sobre a imortalidade da alma? Dentro do limitado conhecimento em torno do assunto, a criatura deixa-se envolver pela comodidade ociosa ou pelo orgulho social. Então, tendo em vista suas posses, ao invés de servir ao seu semelhante, está servindo a si próprio. Iludem-se os que vivem na vaidade passageira do mundo e, ao desvencilharem-se do corpo físico, voltam muitas das vezes em pior circunstância à vida verdadeira.

"Diante dos argumentos precisos e sábios da boa amiga, balancei a cabeça em sinal de concordância e acrescentei:

"– Obrigada, querida irmã, por mais essa elucidação oportuna.

"Abraçamo-nos, ao mesmo tempo que trocamos vibrações de alto teor para, em seguida, a ex-madre projetar:

"– Alcemos ao Alto nossas orações. Se estiveres em condições, poderás saber o roteiro a seguir pelo irmão Carlos, como também marcar o dia para a solenidade de posse das conquistas a que tens direito.

"Dirigimo-nos ao magnífico local onde eram feitas as preces e demais reuniões com vistas ao intercâmbio entre o atual plano em que vivíamos e as esferas mais altas. Sempre que penetrava no esplêndido salão, assomavam-me emoções de difíceis interpretações, tendo em vista a beleza e harmonia ali reinantes que levavam ao ambiente paz e rara magnitude. Era como se pairasse continuamente ali a presença do divino rabi da Galiléia, pelas vibrações que, infiltrando-se em nossos espíritos, deixam-nos mais leves e etéreos, com percepções fora do comum.

"Ao levantar-nos em tocante prece, nossa visão espiritual desdobrou-se ao ponto de atingir os planos superiores e beneficiar-nos com suas modulações e seus estados de sublimidade. Era algo de inusitado para mim, contagiante, a representar momentos de inenarrável felicidade. E, nessa apoteose do meu espírito, ao lembrar-me de que

Carlos não apresentava total condição de atingir esses desdobramentos, não pude evitar a tristeza que de mim se apossou...

"Fui inteirada de que, se quisesse, poderia marcar o dia para o recebimento das dádivas a que tinha direito, quando uma entidade superior desceria ao nosso plano para a entrega dos lauréis conquistados.

"No mesmo instante, indaguei à entidade que nos atendia quais as perspectivas de Carlos, no futuro, em relação ao nosso anelo. A resposta foi a já prevista e antecipada pela boa irmã: o amado espírito teria de submeter-se, antes, à efetivação de um trabalho que lhe granjeasse amealhar horas de serviço ao próximo, necessário para completar seu grau evolutivo.

"Procurei nos arcanos do meu espírito torná-lo em condições de humildade para curvar-se às justas determinações do Astral Superior. Solicitei então permissão para aguardar o cumprimento da tarefa de Carlos, quando eu e ele estaríamos juntos, igualados na mesma posição, irmanados em um só ideal de continuarmos a servir ao Divino Mestre, vendo finalmente perpetuado, pela bênção de Deus, nosso amor que se consumaria em um só.

"O benevolente sorriso e a luminosidade desprendida por sua mão em minha cabeça davam-me a certeza da aquiescência do Superior Intermediário, e, com suas bênçãos e permutas de puros fluidos, retornamos ao nosso plano.

"Enquanto a minha companheira dirigia-se aos seus afazeres, eu retomava a minha função de enfermeira, serviço exercido no plano físico e que valera no mundo espiritual o único título de que realmente nos podemos envaidecer: serva de Jesus.

"Para que Carlos se desfizesse dos miasmas que aderiram ao seu perispírito, necessário se fazia um tratamento em maior profundidade e de mais demorada recuperação, já que havia permanecido por muitos anos com males físicos que se arraigaram aos membros inferiores, agravado pela inércia ao omitir-se no mais sublime serviço que é a ajuda ao nosso semelhante. Idênticas massagens, como as usadas no plano terráqueo, são empregadas aqui, só que com recursos mais eficientes e técnicos. No caso, dão-se trocas de visgos negativos pelos de fluidos vitais, que se vão infiltrando nas partes atingidas.

"Ao receber permissão de visitá-lo, dei-me pressa em fazê-lo. Encontrei-o entregue ao sono letárgico que o ajudaria paulatinamente a recobrar as forças e o equilíbrio. Por instantes detive-me a olhá-lo. A emoção de vê-lo perto de mim, como nos áureos tempos, fez com que meu espírito estuasse de carinho e amor. Suas feições ainda permaneciam envelhecidas, mas era bem o ente amado que ali estava semi-adormecido, porém não indiferente à minha presença. Éramos a complementação um do outro e, como quando na matéria pressentira tantas vezes seu pensamento a buscar-me e sua alma se fundindo à minha, naquele instante mais sentia adelgaçar-se nosso afeto. Em fervorosa prece roguei a Jesus por ele. Sentindo os fluidos reconfortantes de minha oração, que o beneficiavam, como também as emanações de minha afeição, Carlos, conquanto em semiconsciência, correspondia em igual sintonia, demonstrando que, apesar de tantos anos materialmente separados, nossos espíritos, que são de essência eterna, se buscavam na certeza de que comungavam das mesmas suscetibilidades e afinidades, em decorrência do que, na junção de um amor imortal, haveríamos de perpetuá-lo.[4]

"Ali, ajoelhei-me e agradeci ao Pai o penhor de Sua bondade, pela intercessão do Senhor Jesus-Cristo. Nessa ocasião pude observar que seu corpo espiritual apresentava-se com uma camada de massa fluidificada cinza, semelhante a um duplo etéreo. A intuição aguçada fez-me deduzir que esse dúplex estava relacionado com a tarefa faltante.

"Ao restabelecer-se, Carlos predispôs-se a ajudar, partindo para o trabalho mais humilde, como a limpeza nas diversas casas de recuperação, das câmaras retificadoras, onde eram tratados os irmãos com traumas psíquicos. Foi-lhe informado o roteiro a escolher de seus futuros empreendimentos, a fim de ampliar seu nível evolutivo, e que poderia optar por continuar a executar o mesmo serviço no plano espiritual ou voltar à carne. Na primeira opção, careceria de muito mais tempo para atingir a posição desejada, pois, na sua condição de espírito desencarnado, por maiores sacrifícios e trabalhos que fizesse, seus redobrados esforços estariam empanados pelo fato de saber a

---

[4] Certas particularidades do espírito e suas diversas metamorfoses são de difíceis percepções à criatura humana. (Nota do autor espiritual)

que fim se destinavam. Por outro lado, na envergadura da carne, com a mente obliterada, lhe ficariam somente resquícios intuitivos, como reforço ao bom êxito da empreitada.

"Como era de se esperar, pelo seu destemor à luta e determinação de que não me mereceria se não passasse pelo mesmo processo de evolução, isto é, ser útil ao próximo na envergadura da carne, não titubeou e escolheu a prova restante em uma nova encarnação. Antes, porém, teríamos alguns anos de repouso, intervalos de estudo e muito trabalho.

"Vimos, finalmente, realizada parte das nossas aspirações. Pudemos então constatar que não estávamos enganados; ele, quando em versos vislumbrara um porvir de felicidade e ventura a nos esperar no Além, e eu, em minha carta-adeus, quando atestei que nosso amor era por demais grandioso e só caberia mesmo na eternidade, já que a Terra, por ser um planeta de provas e expiações, não oferece ainda condições para que se conheça, se sinta e se viva a felicidade plena. Por mais completa a criatura humana a julgue ou a busque, jamais a encontrará nos moldes da felicidade real e verdadeira que se desfruta na pátria espiritual.

"Estas são as reminiscências de um espírito que, em comunhão com Deus, excelso Pai de amor e misericórdia, e estando a serviço do amado mestre Jesus-Cristo, por graça dele passou a chamar-se: Maria Angélica, sua humilde serva."

Fim da Segunda Parte

TERCEIRA PARTE

De Volta à Carne

17. Em Busca da Redenção

O Brasil, esse gigante adormecido em verdes matas, onde as riquezas contidas em seu solo jaziam, na sua grande maioria, encobertas, vinha sustentando uma luta bravia, iniciada já há algumas dezenas de anos por diversos homens que não se conformavam com a tirania dos ricos e potentados senhores durante a famigerada escravidão. Nossos irmãos de cor negra, trazidos da longínqua África Portuguesa, eram submetidos para servir, à guisa de desenvolvimento econômico, em uma terra onde o símbolo da cruz, que lhe dera seu primeiro nome, lembrava a cada instante a máxima do Crucificado: "Amai ao próximo como a vós mesmos". Muitos foram os que partiram antes de verem seu anelado sonho realizado (lançada que fora a benéfica semente e, do outro plano, continuavam a vibrar), como os imortais poetas que utilizaram a sua sublime inspiração em cânticos de dor e protesto, na ânsia de obterem a pleiteada alforria para seus semelhantes, que tão-somente tinham a desdita de nascer com a pele negra.

No ano 1885, apesar de ter desencarnado há quatorze anos uma das maiores vozes pró-abolicionismo, o sempre imortal Castro Alves, o eco que deixara em suas belas poesias e obras ainda perdurava na acústica dos que com igual ambição faziam-se ouvir calorosos, a surgirem de todas as partes, aumentando cada vez mais, para desgosto dos ricos fazendeiros. Nessa época, um enxame de vates dominava o gigante adormecido. Em diversos pontos do país eles brotavam e eram às vezes comoventes e contagiantes; outros, retesados de revoltas, registravam os lamentos dos angustiados e oprimidos escravos a bradarem aos céus lenimento para seus sofrimentos.

Em 20 de outubro, na pacata e hospitaleira cidade de Piraí, no Estado do Rio de Janeiro, nascia um robusto menino que na pia batismal recebia o nome de Adolfo Oscar, depois cognominado Amaral Ornellas. Sua meninice, como a da maioria das crianças, fora despreocupada, contando com a boa orientação dos pais. Conquanto não fossem ricos, tinham o suficiente para propiciar à família uma vida de regular conforto. Desde tenra idade, revelara aguda inteligência e caráter bem formado e, tendo em vista as diretrizes doutrinárias de sua família, seguia ele com as bases fincadas na religião católica, não sendo, todavia, um aficionado. Sua vida acompanhava o ritmo normal dos demais viventes. Na idade condizente, emprega-se na Diretoria de Estatística Comercial, unindo bem cedo o seu destino ao de uma das jovens de sua simpatia.

Contudo, o jovem Ornellas sentia, com o passar do tempo, mais se acentuar, brotando-lhe como uma força vibrante e impetuosa, a veia poética, que desde a tenra idade se revelara.

A arte de escrever se lhe absorvia por completo a imaginação, o que redundaria posteriormente em diversas obras literárias e livros de poesias. Sua vida sentimental tivera um ocaso com a desencarnação precoce de sua primeira esposa. Passados os primeiros períodos de abalo moral, volta a consorciar-se. Sentia em sua alma algo que lhe faltava e que não sabia ao certo definir. De personalidade marcante, Adolfo Oscar deixava em tudo por onde passava as características do antigo oficial francês, desempenhando todas as suas funções com o mesmo zelo e empenho com que lutara para alcançar o cargo de oficial da Guarda Real. Outra faceta era a facilidade em fazer amigos. Como inspirado poeta, suas expressões eram convincentes e de fáceis percepções.

Se em vida passada, como garboso cavaleiro brilhara nos torneios hípicos da França, que era o esporte predominante da época, ao reencarnar na terra do Cruzeiro do Sul desenvolve sua veia poética, em que vibrava sua nova pátria, e apega-se às letras, extravasando assim o seu romantismo interior e dando rédeas à incontida inspiração que lhe domina o ser.

Havia em seu íntimo de inspirado poeta momentos em que lhe assaltava, com intervalos a mostrar-se com mais intensidade, uma pertinaz angústia que, a seu ver, não sabia definir ao certo, nem qual o motivo que a ocasionava. Era como se o seu espírito desejasse alcançar algo muito etéreo e, por mais se esforçasse, não conseguia distinguir o que seria e nem onde encontrar. Pensava que o novo casamento lhe trouxesse a serenidade e o completo equilíbrio emocional, todavia, a cada dia que se passava se sentia sem saber qual a origem de sua insatisfação, que o levava a meditar longas horas, entregue aos mais desencontrados pensamentos.

De índole marcante, não era homem de se intimidar, como também não era de aventuras fugazes, respeitando sobremodo o lar, fazendo dele o seu santuário de paz.

Prosseguia dentro dos seus afazeres cotidianos, quando recebe a feliz notícia de que em breve seria pai. Uma indizível alegria o dominou desde então e, ao nascer-lhe a bela menina, batizou-a com o nome de Eunice, com as mesmas tônicas e doçuras como fora Helena. Sim, ali estava, naquele pequenino ser, todos os anseios de sua alma, a completa motivação de sua vida, o mundo maravilhoso transformado em delicioso éden a descortinar-lhe o porvir das mais perenes promessas. Era a sua pequena Eunice que lhe faltava; ela, tão-somente ela tinha o real poder de afastar-lhe da alma aquela sensação de vazio, a opressão angustiante de seu coração, dar-lhe, enfim, maior colorido à outrora decantada vida. Provinha da inocente recém-nascida todas as alegrias, nos seus dedinhos róseos, seu encantador sorriso, suas perninhas travessas, seus bracinhos buliçosos mexendo-se no berço. Era toda ela a felicidade presente e nela estava toda a sua esperança. Era o querido ente o raio de sol a aquecer sua alma, preenchendo a lacuna que inexplicavelmente existia em seu interior.

Eis que um dia, como sói acontecer à felicidade fugidia, a bela criança adoece tão de repente que mal dá tempo a que seu inconsolável pai se capacite da triste realidade; finara, sem mesmo chegar a se abrir de todo, o botãozinho de flor, a sua querida Eunice.

Sua lembrança revestia-se de uma constante saudade, indo recordá-la em seus inocentes trejeitos, invocando sua cândida figura a consumir-lhe as energias em cruciantes indagações, a fustigar-lhe a alma em constantes sofrimentos, buscando encontrar respostas e lenitivos para todo o seu incontido desespero.

O inconformado pai debatia-se no turvo mar da incompreensão, sem atinar por que sua amada filha lhe deixara, em meio ao caos, um pertinaz torniquete em forma de causticantes pensamentos, que não lhe davam tréguas, perturbando-o até nos arcanos da semi-inconsciência, dificultando-lhe o encontro da inatingível paz. Sem sentido real seria seu viver doravante, uma vez que fenecera o único ser que lhe embelezara a vida, já que com ele conseguira alcançar sintonias de elevado teor e magnitude de simbioses sem igual. Nesta sua poesia ele registra a dor profunda e a afeição tamanha a lhe dilacerarem os recônditos da alma.

Duas perguntas

Minha Eunice nasceu. Foi-se o desgosto, a pena,
E o mundo eu contemplei de um cimo de montanha.
Perguntava a mim mesmo: Ela, que é tão pequena,
Como pode trazer uma afeição tamanha?

Quando partiu, rolei... Embaixo a dor, a ruína,
Em cima a quietude, a paz, tudo que dorme.
Indago de mim próprio: Ela, tão pequenina,
Como pode deixar uma saudade enorme?...

Os desabafos se faziam constantes e intensos com os amigos. Perguntava o inspirado poeta e prosador como poderia, em tão curta convivência, a pequenina Eunice, que lhe dera os mais felizes momentos de sua existência, partir deixando-o em um angustiante abatimento, desaparecer de suas vistas e, quem sabe, onde, quando, ou se voltaria a vê-la. Por que de tão caprichoso destino? Ela sintetizava a expressão máxima de um sentimento a aquecer-lhe os incompreendidos rasgos de incontentamento, que toda alma procura encontrar no amor de igual sintonia.

Ao extravasar seus queixumes com Ascânio Paiva, passa a conhecer outros caminhos, a percorrer novas trilhas, a se lhe abrirem vastos horizontes. Levado para a Casa-Máter do Espiritismo, o denodado desbravador, desde que ali penetra até seus últimos dias neste plano, com a sede de saber e de aprofundar-se no muito propalado mas pouco conhecido mundo de além-túmulo, põe-se a trabalhar, pesquisar sem tréguas e sem descanso. A intuição lhe dizia que aquele era não só o caminho, como teria notícias de sua saudosa filha, o meigo anjo que lhe viera mostrar a trilha a seguir para sua final e completa redenção.

Abraçou a causa da seara espírita com tanto dinamismo que, em sete anos consecutivos, foi secretário do *Reformador* e membro da Comissão de Assistência aos Necessitados da Federação Espírita Brasileira e vice-presidente do Grupo Espírita Fé, Amor e Caridade Agostinho. Em pouco tempo revelou-se médium receitista, como também inspirado orador, proferindo palestras de alto teor, desenvolvidas sempre sobre os temas do amor, da fraternidade, com base no Evangelho do Senhor Jesus.

Em breve amealhara para sua alma a conformação de que nem tudo estava perdido. Ali, bem perto dele, vivia a sua amada Eunice e tinha agora a cabal certeza de que em breve estaria com ela na espiritualidade maior.

Transformaram-se assim as suas queixas e lamentos em um acentuado movimento de trabalhador espírita a lhe proporcionar instantes de maiores júbilos em sua curta existência. Era tão-somente o que lhe faltava para igualar-se à sua querida Helena, ela, que se despojara de toda vaidade humana, renunciando a uma vida ávida de faustos e ociosidade para servir humildemente como uma das sinceras servas do Rabi da Galiléia. Ela havia de há muito conquistado a palma da vitória, por todos ambicionada, e a grinalda de flores etéreas, no tocante à sublimidade de seu amor. Enquanto ele, se sofrera os reveses proporcionados pelos necessários e justos resgates, à época em que fora oficial francês, tornara-se, em virtude do imposto casamento, neutro e apático diante dos sofrimentos alheios, dentro do pensamento de que em face do inexorável destino o melhor é curvar-se e acatar o inevitável. De conformismo semelhante à revolta íntima, não se aprofundara no conhecimento do que lhe passava ao redor, no tocante às vicissitudes de seus semelhantes, sem se aperceber de que, na sua indiferença, criava uma barreira invisível que se interporia no futuro entre ele e a criatura amada.

Necessário se fazia a volta à carne para que desenvolvesse em todo o potencial a faculdade de servir. Ser útil ao próximo, com desprendimento, sem esperar recompensa, pelo bem único de servir e servir sempre. O amor elevado e profundo que unia aquelas duas almas, transformando-as em uma única, mais uma vez daria o seu testemunho quando, não obstante já ter o seu lugar já assegurado no Plano Superior, Helena não hesita em mergulhar outra vez no mundo da carne, na investidura da pequena Eunice, para abalar os alicerces adormecidos daquele inconsolável pai, despertá-lo e proporcionar-lhe o meio de que se valeira, daí em diante, para completar sua evolução.

Na maioria das vezes é a dor e o sofrimento que impulsionam a criatura. Se foi esse angustiante sofrimento que, ao perdê-lo, quando encarnava a figura de Helena de Valois, na França, a levara a atingir o grau evolutivo que ora desfruta na espiritualidade, quando na condição de Eunice seria para ele a dor de perdê-la como filha que o levaria a completar o círculo de que carecia para igualar-se a ela.

Amor, o quanto podes, a quanto nos obriga e do que és capaz! Bendito sejas por seres de Deus a Sua maior e mais bela expressão!

Paralelamente ao serviço do bem, na seara espírita-cristã desenvolvia o jovem Ornellas a sua inspiração versátil no referente à literatura, tanto que viu sua obra *O Gaturamo* ser premiada pela Academia Brasileira de Letras; publicou ainda *Poesias* (1ª Série), *Poesias* (2ª Série) e *Iluminuras*.

A sincera determinação de servir à causa que abraçara leva-o a desenvolver intensa atividade em favor dos pobres, por ocasião da febre amarela, fazendo da ajuda ao próximo o seu lema cotidiano. Chega ao extremo de empenhar a aliança para atender aos necessitados que a ele recorriam.

Eis uma das particularidades que corroboram a mesma tenacidade espiritual do antigo oficial da Guarda Real francesa e a do modesto funcionário público de nossa era: quando sabia o que queria, entregava-se de corpo e alma, dando-se totalmente sem hesitações e titubeios com o fim de atingir à sua ambicionada meta.

Podemos também observar no jovem poeta e espírita-cristão a lealdade e firmeza de que se valera Carlos Giraud, ao sentir-se tocado pelo sutil fascínio de Helena de Valois, chegando ao ponto de ser rude com Madalena de Saint Moritz, resistindo a todos os cercos amorosos com o fim de demonstrar à meiga baronesa sua sinceridade de amar.

E foi assim, trabalhando, servindo e amando ao próximo que seu corpo tombou a 5 de janeiro de 1923, com apenas 38 anos de idade, prematuramente para quem vê um corpo finar-se ainda moço. Porém, uma vez que completara a tarefa a que se propôs ao reencarnar, nada havia que o retivesse neste plano, e sua alma sequiosa por usufruir em definitivo das delícias do reino, prometidas por Jesus de Nazaré, alçou vôo às esferas mais altas, amparado por sua alma afim, para que então recebesse o prêmio a que tem direito todo bom obreiro. Apesar dos percalços da jornada, soube transformar as pedras do caminho em rutilantes estrelas, e os espinhos, em rosas de suave aroma a impregnar a quantos se lhe aproximavam.

Adolfo Oscar do Amaral Ornellas não só deixara um rasto de luz em seus passos, mas também, com o decorrer dos anos, em sua bendita oficina de trabalho, que um punhado de valorosos irmãos lhe outorgara como homenagem, continua dentro dos ensinamentos do Mestre Jesus a servir, com carinho e humildade. E também vem provar que o amor, quando purificado e sublimado, prossegue pela eternidade sem fim, tornando-se imortal!

Fim da Terceira Parte

QUARTA PARTE

Retorno ao Mundo Espiritual

18. Na Realidade de um Sonho

Ao ser transferido de plano, só me dei conta do realmente ocorrido ao notar a condensação que envolvia o setor em que me encontrava. Vi-me enlaçado por braços amigos no atordoamento natural que ocorre nessas ocasiões. Atraíram-me como poderoso imã dois belos olhos azuis. Abandonei-me à paz e confiança que eles me inspiravam e, ao despertar no hospital de refazimento, cercado dos zelosos irmãos de atendimento, instintivamente os procurei pelo fascínio e atração benéfica que eles exerciam sobre mim. O despertar na pátria espiritual me foi totalmente diverso do anterior, isto é, uma leveza ampla, com as mesmas características descritas por Maria Angélica, deixando-me sentir a plenitude de que o espírito é investido quando dispõe de recursos próprios para ascender às esferas mais altas. Deixei-me ficar em completa docilidade e, para mim, nada ali representava mais a curiosidade que anteriormente me despertou, por encontrar-me alheio à vida natural de além-túmulo. Desta feita, como ultimamente vinham se amiudando meus desdobramentos em visita ao plano, em companhia de Helena, acrescido dos estudos, não me foi difícil adaptar-me, não constituindo surpresa o regurgitar de espíritos em plena atividade e estuantes de vida.[5]

[5] Vou u considerar Helena como o nome a quem me uni na espiritualidade. Eunice foi a confirmação de um amor que não mediu esforços, nem conheceu bar-

Cessadas as perturbações oriundas da passagem de planos, recebi permissão para integrar-me à vida dinâmica que se desenrola na espiritualidade maior, da qual pouquíssimas e raras são as criaturas que participam.

As visitas de amigos que granjeei durante os anos de labor profícuo, quando na seara espírita-cristã, proporcionavam-me instantes de inefáveis alegrias, nos abraços de boas-vindas que recebia. Mirei-me ao adquirir o equilíbrio e constatei quão reluzentes e alvas eram as minhas vestes espirituais e a aura que as revestia. Emoção indefinida inundou-me o espírito. Conquanto as inúmeras felicitações dos irmãos pelo êxito da tarefa, a presença carinhosa de sóror Maria Assunção, o júbilo pela assistência dos espíritos superiores, ainda assim eu ardia de ansiedade, sentindo a falta de uns penetrantes olhos azuis.

Com o desenrolar dos fatos primordiais de outras encarnações, durante o momento em que se deu o processo do desenlace corpóreo, pude aquilatar e compreender quanto importante e até onde ia o afeto da pequenina Eunice, que se sacrificara mais uma vez ao descer ao plano físico. Enfrentando os pesados fluidos cósmicos do planeta, assim o fez para despertar-me de maneira que fosse levada a bom termo a tarefa a que me propusera ao reencarnar, e que redundaria, se me saísse vitorioso, na conquista da almejada redenção. Agora que me sentia realmente integrado à vida espiritual, avaliava a importância da conquista de corações por meio do bem, transformando-os em tocantes condões de sinceras amizades. Alguns me antecederam, mas tantos outros ainda ficaram e poucos são os que restam; porém, inegavelmente são essas conquistas que mais afabilidade causam ao espírito e a que, sem dúvida, não há tesouro na terra que se compare e, no céu, alegrias que se lhe igualem.

Faço aqui um parêntese para ressaltar, entre os bravos e leais amigos, um irmão que me consagra sincera afeição, a qual por certo se estenderá por toda a eternidade e cujos reais louros só se recebe na

---

reiras para me ajudar a fim de que nos igualássemos no mesmo grau evolutivo; Maria Angélica, seu nome de redenção, um pouco de ambas acrescido pelo amor a Jesus-Cristo e ao próximo, pelo muito que serviu quando encarnada e ainda hoje serve em seu nome. (Nota do autor espiritual)

pátria da verdade. Esse querido irmão me terá entre tantos outros enfileirados, a transferir-lhe eflúvios de amor e paz, vibrações rutilantes que a gratidão do espírito confere a quem se é grato, emanações e ondas do mais elevado teor. Refiro-me ao amado irmão Ramiro Gama, espírita do mais alto gabarito, humilde por ser espírita-cristão.

Os dias se passavam. Paulatinamente, alcançava o máximo de minha personalidade, todavia, consumia-me na impaciência por não lobrigar o meu adnato na figura de Helena. Escapava-me da lição de disciplina, da qual somos tão independentes quando na carne. Minha intranqüilidade só mais retardava o ansiado momento, pois que, prejudicando-me o equilíbrio emocional, fatalmente atingiria a quem tanto amava. Com ela deu-se o inverso, por estar habituada à rigidez do claustro, sendo que, muitas das vezes, curvamo-nos a certas regras por nos ser impossível o contrário; no entanto, no íntimo, tão logo podemos, damos vazão à indisciplina.

Ao perceber que deveria imbuir-me de paciência e tolerância, compreendi, como derradeiro ensino, que devemos sempre esquecer-nos de nós em favor do próximo, quando aí damos a Deus a oportunidade de pôr-nos em Suas graças. Envergonhei-me do meu descuido e deixei então que o ritmo dos acontecimentos seguisse normalmente.

Conhecendo a rotina dos atendimentos nas câmaras retificadoras, solicitei permissão para voltar àquele setor, tendo em vista as minhas experiências no trabalho anteriormente executado. Desejava participar do serviço onde somos testados pela total doação de amor que requer e pelos diversos e mais controvertidos desajustes espirituais.

Em meu primeiro dia de trabalho, ao sentir-me útil aos amados irmãos que, inexperientes, se apresentavam disformes, expelindo miasmas enegrecidos e putrefatos, consegui, dentro do que me fora favorecido pela imensa misericórdia do Altíssimo, algumas recuperações, como também que fossem tocados pelo despertamento para o bem. Ali mesmo, genuflexo, rendi graças ao Criador.

O trabalho absorvia-me a atenção e eu não me dava conta do tempo passado. Em meu coração luzia de forma mais intensa o símbolo que assinalava a minha condição de compromissado, do que só agora me dava conta. Foi quando recebi instruções para comparecer ao Salão dos Matizes Azuis, anexo ao Centro de Oração. Eu já estivera ali, mas devido às minhas deficiências espirituais não me fora possível capacitar-me da beleza e magnitude do ambiente. A sala ampla, em forma de meia circunferência, era revestida de material condensado, fluídico, onde o azul fluía em suas variadas tonalidades. Cascatas de flores não só enfeitavam, como perfumavam todo o ambiente. Um jato de luz prateada e etérea descia do Alto, bem no meio da linha divisória, inundando o salão de emanações provindas das esferas superiores.

À primeira vista parecia-me que estava vazia, porém, olhando mais atentamente, do lado contrário da vinculação com o outro plano vislumbrei um vulto que eu diria mais diáfano do que mesmo espírito em forma de mulher.[6]

Parei extasiado. Sorrindo, com dois magníficos olhos azuis desprendendo magnetismo envolvente, estendeu-me as mãos e, com a elasticidade de que dispõe o espírito, vi-me em seus braços. Não há vocábulo capaz de externar a emoção de duas almas conjugadas numa só, pelo abençoado milagre do amor sublimado e imortal.

Na realidade o espírito, após a sua peregrinação por diversos mundos, ao passar pelas inúmeras etapas de burilamento e quando atinge o cume da evolução, vê-se destituído dos atributos do sexo, uma vez que sua forma transforma-se em refinada luz, advindo que, como ser puro, plasmado em essência etérea e volátil, passa a desfrutar de outros meios mais sutis. Ainda que não fosse o caso, é inegável que ambos haviam logrado espiritualizar bastante aquele amor. Assim, conforme gradativamente os degraus evolutivos, o espírito continua vinculado a quem se ligou pelos sagrados laços afetivos porque, se o amor é neste planeta o maior sentimento a elevar seus habitantes, se o temos dentro de nós como impulsionador vital da nossa ascensão, por certo que ao galgarmos outros planos superiores levaremos conosco, se possível, a quem elegemos como causa única e máxima de nossa felicidade.

Podemos atingir qualquer constelação astral, "as moradas" das quais nos falou o Senhor Jesus, que o amor divinamente conquista-

---

[6] Por voltar à carne na investidura de Eunice, Helena adquirira mais luz, pelo desprendimento e testemunho de amor quando para ela se lhe tornava desnecessário descer a este plano. (Nota do autor espiritual)

do segue participando da mesma sublimidade, da mesma integração, sendo necessário tão-somente que ambos estejam no mesmo nível de adiantamento. Se assim não fora, deixaria de ter sentido o maior sentimento criado pelo Pai, divulgado e exemplificado pelo Senhor Jesus-Cristo.

Em toda a natureza vibra estuante o sentimento do amor. Está na Criação divina o fator primordial, desde o rastejante verme até às constelações superiores, sustentadas pela tônica única do amor, sendo que, de acordo com o grau evolutivo, ele consagra-se de forma sublimada, além da imaginação das criaturas humanas que não dispõem de condições nem capacidade para entender a vibração e condições do amor nas esferas siderais. Da mesma forma as criaturas humanas não estão ainda em situação de compreenderem e de se capacitarem da grandiosidade do Ser supremo, criador único de todo o universo, de Sua força cósmica, incomensurável à inteligência do homem, sendo as deficiências espirituais a principal causa de o espírito encarnado achar-se restrito às coisas mundanas. No entanto, pelo progresso em que caminha materialmente, deveria desbravar, para avaliar o que é realmente a vida além da morte do corpo.

Se amas realmente e te sentes capaz de, por esse amor, doar-te em sacrifício, confia em Deus e tem fé, pois esse amor um dia ressurgirá glorioso nos pináculos da eternidade, como também será somente através dele que a humanidade conseguirá alcançar a sua emancipação espiritual e a verdadeira felicidade.

E eu me sentia realmente feliz, agora que participava do doce convívio de minha amada, desfrutando momentos de intenso júbilo, já relegados ao passado distante os sofrimentos carpidos na França pré-revolucionária, necessários ao nosso burilamento, sobressaindo-se em nossas auras o serviço ao próximo, imprescindível à nossa elevação.

Juntos dirigimo-nos ao chamado centro de oração. Ao levantarmos em prece, desdobramo-nos, alcançando o plano acima em que agradecemos ao Pai a convalidação do nosso afeto, e ao divino Mestre todo o seu desvelado amor, por intermédio de seus abnegados servidores.

Quem poderá viver sem amor? Nada, nem ninguém. Tudo o que emana da Suprema Criação é fundamentado e gira em torno desse sublime sentimento. O amor, centelha bendita que nos vem de Deus, nosso Pai e Criador, representa a Sua divindade grandiosa imantada à criatura. E, quando investidos de todo o seu elevado potencial de vibrações e sutilezas é que nos capacitamos da felicidade que nos proporciona o Pai amantíssimo, por nos ter criado à Sua semelhança em amor e essência.

Amanhecera majestoso o dia onde não se conhecem intempéries nem oscilações de temperaturas. Seria no final da tarde a consumação de nossa vitória sobre as provações, celebrada ao ensejo de nossa ascensão espiritual a planos superiores.. O amplo salão do principal centro, destinado a eventos de suma importância, encontrava-se soberbamente engalanado. Através do teto divisava-se a abóbada celeste, onde rutilavam astros da constelação sideral. Os vitrôs, em alto relevo, retratavam magistrais pinturas do Mestre, destacando-se o desdobramento do monte Tabor. Tamanha a expressão dos quadros, dir-se-ia que ele ali estava vivo, estuante de vigor e beleza a nos envolver com seu magnetismo profundo, proveniente das mais elevadas emanações fluídicas. As flores em abundância destacavam-se pela alvura inconcebível, ornavam e perfumavam o ambiente. Na parte saliente, destinada à realização do evento, focos de luz prateada e etérea se cruzavam, descendo do alto, onde deveria condensar-se o enviado do plano superior.

Alguns participantes, ainda na romagem terrena, juntavam-se à maioria do nosso plano, com refulgentes emanações. Como cada um tem, de seu espírito, reflexos próprios, nessas ocasiões em que a espiritualidade maior se reúne para a realização de ato considerado de grande alcance, as cintilações a refulgirem das auras, ao levantar-se em prece a comunidade, é possível sentir ainda mais a presença do Criador em nós, enquanto de Jesus recebemos a transfusão de sua possante corrente vibratória.

As vestes de Helena denotavam beleza singular, rebordadas que eram de luz, uma vez que estampavam todas as suas conquistas espirituais, acrescidas das doações do Poder Superior, o que fazia de sua figura diáfana a própria figura da beleza! Dos finos cabelos negros desprendia-se brilho intenso. Não pude fugir à emoção.

Ao chegarmos ao ponto central do salão, nossos olhares se encontraram, projetando em nossos espíritos comoções aprimoradas pela elevação e sublimidade de que se revestiam. Ao sentir-me tocado em ondas de vibrante amor, respondi-lhe em igual sintonia e projetei aos céus, em concordância com a felicidade que usufruía no momento: "Deus meu, como a amo!"

Conforme o desenrolar do ato, desciam de cima cintilações que envolviam todos os presentes. Cânticos foram encerrados com um epinício comovente de extrema sensibilidade. No encerramento, sentimos nosso sentimento perpetuado, atingindo percepções até então desconhecidas. Na realidade, diante das perspectivas de ventura que doravante desfrutaríamos, todo sofrimento, lágrimas vertidas, momentos de separação, não passam de diminutivos instantes. Comparados com o que alcançamos na eternidade, todo o passado de dores e provações fica muito aquém do que se recebe e se possa imaginar em verdadeira e perene felicidade na pátria espiritual.

O pobre vocabulário, como a deficiente dimensão da imaginação dos irmãos terrenos, não permite alcançar todo o esplendor e epopéia de que se reveste um momento como aquele vivido na espiritualidade. Epílogo feliz que toda alma anseia ver concretizado na vida material, mas que é o clímax glorioso de todo espírito quando investido de seus cabedais na ascensão evolutiva.

Ao sermos envolvidos nos abraços efusivos dos irmãos, notamos que a um canto, convidada que fora por aquiescência do Senhor Jesus, Rosa Ortiz, de olhos lacrimosos, mantinha-se isolada. Foi quando Helena aproximou-se dela e ofereceu-lhe uma flor, prendendo-a nos seus fulvos cabelos e acrescentando, ao beijá-la:

– Esta eu te dou, as demais confiamos em nosso Mestre que as conquistarás, no decorrer da próxima encarnação.

Ultimava-se o seu futuro corpo espiritual e, no dia seguinte, estaria ela se apresentando ao Departamento Reencarnatório, onde já se encontrava um futuro companheiro de jornada. Quanto a nós, passaríamos a residir na Colônia do Amor Sublimado. Ao lado de Helena, Rosa Ortiz participara, todos os longos anos, de humildes trabalhos, sendo cuidadosamente preparada para a encarnação futura e decisiva que, se desincumbida a contento, lhe concederá a almejada redenção, na conquista suprema dos triunfos de amor e paz. Sua nova encarnação será plasmada em muita semelhança com a anterior. Renascendo, será possível perceber latente, em seu espírito, a mesma atração pela dança e pela música hispano-americanas, advindo de nosso contato na espiritualidade, a admiração pela poesia, a lhe facilitar a execução desse trabalho.

Do recôndito do meu espírito, trago à tona o dia em que a vi pela primeira vez, quando da visita à acolhedora Barcelona, na Espanha. Filha de uma modesta empregada, mas trazendo em si de muitas outras encarnações o amor pela música e, principalmente, pela dança, só se sentiu porém realizada quando se viu consagrada pelo público. Com sua versatilidade nos bailados típicos, junto ao perfeito e ágil manejo das castanholas, apresentava-se sempre com uma das rainhas das flores que lhe dá o nome, nos cabelos, no colo, ou nas mãos, conforme o número, revelando-se exímia artista na sua especialidade. Na cadência dos passos e nos coleios com o xale, os cabelos fulvos, cobreados, emolduravam-lhe a rosada tez em que dois olhos castanhos claros, de reflexos esverdeados, eram, juntamente com o expressivo sorriso, além de sua natural simpatia, os motivos de a casa estar sempre lotada pela mais seleta sociedade local.

Apresentado ao aristocrata espanhol dom Enrico Valdez, seu pretendente, percebi, pela seriedade dele, em contraste com os contagiantes risos de Rosa, como eram diferentes aquelas duas almas, isto é, já se notava no distinto cavalheiro a maturidade espiritual, enquanto que a jovem artista, muito embora vindo ambos de encarnações simultâneas, ainda engatinhava quanto à seriedade do sagrado sentimento do amor. E foi por sua falta de discernimento, pela sua fraca visão, pelo seu raciocínio precoce, que justamente ela falhou...

Tornei-me amigo de dom Enrico, não obstante a diferença de idade, o que me ensejou participasse de restritas ceias e passeios em sua requintada Castela,[7] e, ao voltar a Barcelona, tempos depois, fiquei profundamente pesaroso pelo infeliz desfecho de seu caso amoroso.

Ambos tínhamos algo em comum. Diante da posição que desempenhava como legado francês, não medi esforços para ajudá-lo em

[7] Residência de campo, na Espanha. (Nota da médium)

sua dolorosa situação, o que lhe valeu a alforria espiritual, pois nunca se revoltou. Recebeu o inevitável com o equilíbrio e a serenidade que faltaram ao irmão, conquanto, com elevados traços a demarcar-lhe o caráter, ainda hoje lhe permaneçam no íntimo laivos do antigo gênio.

Tão logo lhe foi possível, dom Enrico visitou-me em Paris para agradecer-me, quando vim a saber da prematura desencarnação da artista e da visita que lhe fez a freira Maria Angélica para notificar-lhe o óbito. Naquela oportunidade, fiz-lhe confidências de meu passado afetivo.

Quão irônico parece-nos à primeira vista o destino; no entanto, não nos esqueçamos de que ele é constituído de nossos próprios atos, do passado que se reflete no presente, e do presente que se refletirá no futuro. Quatro criaturas que até então se ignoravam vinculavam-se pelas idênticas situações e passariam a se amar fraternalmente por toda a eternidade.

No plano terrestre, amigos bondosos cogitam de fundar um núcleo espírita cristão em minha lembrança. A idéia, tanto que comovedora, assustava-me pela responsabilidade que teria de assumir em nome do divino Rabi. Todavia, segundo as palavras de Jesus a Pilatos – "Poder sobre mim não terias se do Alto não te fosse dado" –, e como tudo o que recebemos ou de que usufruímos é por concessão e misericórdia do Pai, o cadinho de paz, santuário a acolher almas aflitas, vinha ao encontro dos planos elaborados pelo Unigênito Filho de Deus, não só para divulgação do seu Evangelho, como para valer-se da mediunidade, a confirmar o que prometera há quase dois mil anos: "Eu vos enviarei o consolador e por ele conhecereis a verdade que vos libertará."

E será principalmente nesse abençoado serviço, outorgado pela complacência do Criador e pelo profundo amor de Jesus-Cristo, que a ex-artista Rosa Ortiz, por sua vez, se levar a bom termo a missão assumida, conseguirá a sua ascensão espiritual, mediante a divulgação dos ensinamentos evangélicos e a caridade atuante ao próximo, ao lado de tantos outros trabalhadores, convocados e preparados para servirem através da mediunidade, faculdade edificante concedida ao espírito para elevar-se.

Ao terminar este modesto relato de duas vidas, em que o amor – sustento do espírito –, depois de passar pelo burilamento necessário, se estendeu no Além, rendo graças, do âmago do meu humilde espírito, ao Pai amantíssimo, louvando ao Senhor Jesus-Cristo pela consagração desse sentimento que, com o amparo de seus desvelados servidores, teve a sua aurora radiosa de esplendor e sublimidade alcançada na espiritualidade maior.

Agradeço-Te, Pai, por aquele espírito de abnegação e sacrifício que me foi dado como amiga e como filha, por ser dela todo o mérito de eu ter chegado onde cheguei, de ter o que tenho, pelas inúmeras alegrias que recebo a serviço do Teu divino filho, pela felicidade de que desfruto, e por ter sido ela o motivo que me impulsionou para a luz, para a verdade, para o amor imortal.

Se desejas, leitor e irmão querido, participar como nós desta sagrada família, que além da Terra se congrega em moradas completamente desconhecidas pelos ferrenhos materialistas, faze do teu amor malogrado o sagrado instrumento que recebeste como herança do Criador, para que, depois de passares pelo burilamento imprescindível a todo espírito imortal, reines e vivas com alegria, na paz eterna, amando e servindo. Sustentados na fé em Deus, no trabalho sacrossanto com o Cristo e na perseverança do bem, pelo bem e para o bem – pois para isso criou-nos o Pai –, com Ele havemos de viver e reinar para todo o sempre!

Fim

Posfácio

Literatura e Vida

Joaquim Porã

Como o leitor certamente percebeu, o autor espiritual deste romance não o criou a partir de sua imaginação literária, nem de histórias de amor alheias, mas da força viva de sua própria experiência em busca do verdadeiro amor, através de muitas existências na terra, intercaladas por períodos de reorientação no espaço espiritual acima de fronteiras nacionais.

Em 20 de outubro de 1885, depois de viver em Paris, Amaral Ornellas renascia no interior do Rio de Janeiro, no município de Piraí.

Abrangendo sua penúltima encarnação na França e a última no Brasil, ele mostra a matéria-prima de seu romance: separação, perda, dor, sacrifício e renúncia sustentada pela fidelidade que só um caráter firme e confiante é capaz de aceitar como justo preço da realização amorosa, que só experimenta ao retornar ao mundo espiritual.

Mas a receita literária do romance em que o personagem principal é na verdade o amor purificado e eterno inclui ainda, como o leitor pôde ver, seu ingrediente primordial: o serviço desinteressado aos que precisam, através da menosprezada caridade, que parece dispensável e fora de cogitação no amor romântico e sensual que busca apenas a própria gratificação.

Amaral Ornellas, nascido Adolfo Oscar do Amaral Ornellas, viveu somente trinta e oito anos no Brasil, apenas o tempo suficiente – como mostra a história – para dotar seu espírito do que faltava para a união amorosa legítima que buscava: o despertar para a imortalidade do espírito e o amor aos estranhos, especialmente os pobres de alimento, saúde e apoio.

Não deixa de ser curioso e altamente simbólico, nesse sentido, a iniciativa que teve, durante a febre amarela que assolou o Rio de Janeiro em sua época, quando empenhou sua aliança – símbolo por excelência do amor comprometido – para socorrer os necessitados que a ele recorriam.

Mas houve um preço ainda maior: primeiro, a perda da primeira esposa, depois de uma filha muito querida e ansiosamente esperada num segundo casamento, destinada a preencher o vazio de sua alma. A filha adorada, no entanto, desencarna ainda uma criança, lançando o pai num vazio ainda maior, um abismo.

Ornellas já era um intelectual e poeta de projeção no Rio de Janeiro, freqüentador dos círculos boêmios cariocas onde brilhavam Olavo Bilac, Paula Ney e outros literatos da época.

Autor de teatro, foi premiado pela Academia Brasileira de Letras por uma peça intitulada *O gaturama*. Seu gênio criador, no entanto, apareceria mesmo na poesia, em vários livros: *Painéis*, *Sempre perene* e *Iluminuras*.

Mas a dor da morte prematura da filha – razão de sua existência – mudou completamente a vida e a inspiração do jovem artista em direção a outra literatura, outra forma de academia, de talento e de prêmio.

Através de um amigo, chega à Federação Espírita Brasileira e toma conhecimento, surpreso, de uma invisível academia brasileira de espíritos superiores. Decifrando com a ajuda deles a tragédia de que era protagonista, vê-se diante da descoberta de um novo mundo.

Após alguns anos de estudo intensivo e fertilizador, paralelo à prática recomendada de trabalho voluntário, se surpreende a escrever, agora receitas, em parceria com médicos invisíveis, para curar a dor alheia através de uma nova categoria literária, a psicografia.

Ainda mais surpreso, descobre sua própria mediunidade e talentos até então desconhecidos, como o magnetismo abundante de suas mãos, imediatamente aplicado na prática de passes em sessões de cura.

Tendo reformado sua motivação intelectual, o poeta curador se dedica então ao jornalismo espírita. Cria um novo formato e amplia a divulgação do *Reformador*, conhecida revista da Federação, num momento – na virada do século – em que o espiritismo ainda precisava muito de fortalecimento para sua implantação definitiva no Brasil.

Isto exigia não só a palavra escrita, como a capacidade de falar. Ornellas não perde a oportunidade de usar também sua palavra inspirada para interpretar em palestras públicas a consoladora e libertadora filosofia espiritualista que mudou radicalmente sua vida e estava destinada a revolucionar a mentalidade brasileira.

Sua inspiração poética, agora reorientada, fez dele um destacado poeta do espiritismo no Brasil. Além do talento, era uma pessoa querida por sua simplicidade, modéstia e disposição para a caridade. Sua sensibilidade poética pode ser apreciada na "Antologia dos poetas espíritas", de Clóvis Ramos. A quem possa interessar, Amaral Ornellas deixou um texto inédito intitulado "Sacerdotes da Beleza".

Como se soubesse que voltaria ao espaço ainda jovem e pretendesse preencher o vazio que deixaria, Amaral Ornellas foi o primeiro elo de ligação entre a doutrina espírita e um colega de trabalho no Ministério da Fazenda, Carlos Imbassahy, que se tornaria, mais tarde, um dos grandes divulgadores do espiritismo em nosso país, mas que um dia, no início, foi um orador que não sabia falar.

Os dois colegas de trabalho saíram, certa tarde, da repartição para uma reunião espírita em Jacarepaguá e, no trajeto, Ornellas anunciou: – Hoje, você é quem vai falar. Imbassahy gastou o vagaroso percurso pela velha e memorável Central do Brasil falando do seu trauma de falar em público, razão por que, embora bacharel em direito, nunca se arriscou à prática forense: a inibição era quase total e falar, mesmo numa festa de aniversário, era um martírio.

– Mas hoje você vai falar – insistia Ornellas serenamente, enquanto o colega aturdido desfiava argumentos para evitar o que previa como iminente vexame para os dois, já que nem mesmo um tema havia preparado. Anunciado ainda na porta do centro como o orador da noite, Carlos Imbassahy estremeceu ao ser apresentado pelo presidente como "nosso convidado especial". Lançando um olhar de apelo e socorro a Ornellas, que sorria confiante na outra extremidade da mesa, Imbassahy lançou sua sorte oratória com o inevitável "meus prezados senhores" e não parou de falar até o fim, para sua grande surpresa, quase em êxtase.

É preciso lembrar que Imbassahy era baiano legítimo, de Salvador, além de advogado e, portanto, inconcebível que não pudesse falar em público, tanto que se tornou, a partir daquela tarde, um grande e aclamado orador espírita. Depois daquela reunião impossível de esquecer, ele ouviu de Ornellas a explicação do suposto enigma: – Você foi um grande orador no passado que usou o dom da palavra para benefício próprio. Mas agora, falando em nome da doutrina, o dom está de novo à sua disposição, sob a assistência dos guias.

Amaral Ornellas faz parte de uma verdadeira população, um contingente de espíritos de ex-franceses que reencarnaram no Brasil quase que especialmente para entrar em contato com a filosofia espiritualista libertadora do espiritismo que, embora plantado no efervescente solo francês, só veio a florescer prodigiosamente na fertilidade tropical da espiritualidade brasileira.

O relato de seu retorno à vida espiritual para receber o prêmio pela fidelidade do seu caráter define não apenas o verdadeiro amor, como também a literatura espírita e o que ela pode significar para a literatura terrena, independente de formas estéticas e das linguagens, que mudam como mudam as estações, os anos, os séculos e as criaturas humanas.